Die Herausgabe dieses Werkes wurde ermöglicht durch die freundliche Unterstützung der Basler Regierung mit einem Beitrag aus dem Lotterie-Fonds sowie der E.E. Zunft zu Rebleuten.

Blasius

Der Baasler und sy Wält

Gsammledi Gidicht und Väärs us 50 Johr

Mit Zaichnige vo der Irène Zurkinden

Umschlaggestaltung: Isabelle Nobs, Basel
Umschlagzeichnung: Irène Zurkinden, Basel

CIP-Kurztitelaufnahme der Deutschen Bibliothek

Blasius:
Der Baasler und sy Wält : gsammledi Gidicht u. Väärs
us 50 Johr / Blasius. Mit Zeichn. von
Irène Zurkinden. –
Basel : F. Reinhardt, 1986.
  ISBN 3-7245-0588-4

Vw.: Burckhardt, Felix [Wirkl. Name] → Blasius

4

Inhalt

Zum Geleit

Der Basler Dichter – oder, wenn man lieber will, Poet – Blasius begeht in diesem Jahr seinen 80. Geburtstag. Anstatt aber von uns, seinen Nutzniessern, zu diesem Jubiläum beschenkt oder doch zum Poeta laureatus gekrönt zu werden, bedenkt er uns mit einer Blütenlese aus all dem, was während eines halben Jahrhunderts in seinem Musengarten gesprossen und erblüht ist. Viele der in dieser reichen Sammlung abgedruckten Gedichte kennen wir aus früheren Ausgaben; manche davon sind uns längst ans Herz gewachsen – man denke nur an «Mym Bueb sy Hoosesagg», «Buebeziigli am Morgestraich», «Verzell du das em Fährimaa!», «Elsassfährtli» usw. Wer kennt sie nicht fast auswendig!

Wie meisterhaft Blasius das poetische Handwerk auch ausübt, so ist er doch kein professioneller Dichter, vielmehr reitet er den Pegasus als sein liebstes Steckenpferd. – Mit bürgerlichem Namen heisst er Felix Burckhardt, studierte einst die Rechte, wurde Doktor der Jurisprudenz sowie Advokat und Notar mit eigenem Büro, war während vieler Jahre Sekretär der Medizinischen Gesellschaft Basel, ferner Mitgründer der Regionalen Krebsliga beider Basel und Jahrzehnte hindurch zudem Generalsekretär der Schweizerischen Krebsliga. Für seine grossen Verdienste im ärztlichen Bereich wurde er zu Recht mit dem Ehrendoktorat der Medizinischen Fakultät der Universität Basel ausgezeichnet. – Dem Gemeinwesen stellte er sich überdies zur Verfügung u.a. als Mitglied der Theaterkommission, als Kommissionsmitglied der Allgemeinen Lesegesellschaft, als Vorgesetzter der Akademischen Zunft und als Mitglied des Schnitzelbank-Comités.

7

Von Jugend auf war er als heiterer, witziger und gewandter Versemacher geschätzt, im Familien-, im Freundeskreis und im Schoss der Zofingia, später während Jahren auch als Schöpfer von spritzigen Fasnachtszeedeln.

Erstmals an die Öffentlichkeit trat er, unter dem mehrdeutigen Pseudonym Blasius, mit der Sammlung «Vorwiegend heiter» (1949); sie fand in weiten Kreisen Beifall, trug ihm bereits den Titel eines «Stadtpoeten» ein und weckte den Wunsch, noch mehr von ihm zu lesen. Diesen Wunsch erfüllte die «Kleine Stadtmusik» (1951). Darauf folgte 1954 das Bändchen «Soll i oder soll i nit?», dessen Titelzeile zur klassischen und vielzitierten Kennzeichnung der typisch baslerischen Ambivalenz werden sollte. Danach erschienen als weitere Gedichtsammlungen «Verzell du das em Fährimaa!» (1955), «Spritzfährtli» (1958), dann nach längerer Pause «I bin e Bebbi» (1967) und «Basler Texte Nr. 2» (1970). 1972 versuchte er sich mit einem Versepos, «Der Till vo Basel», dessen einzelne «Gesänge» wie geschliffene Facetten eines Spiegels bezeichnende Basler Eigenheiten reflektieren. 1976 kamen unter dem Titel «Die Zunft zum leeren Fass» seine jeweils am Rektoratsessen der Akademischen Zunft gehaltenen brillanten Tischreden heraus. Ausserdem versah er zwei Bildbände mit träfen Texten: «Em Bebbi sy Faasnacht» (1975) und «Em Bebbi sy Mäss» (1978). Als bisher letztes Gedichtbändchen, mit älteren und auch ganz neuen Stücken, kam «Haimlifaiss» heraus (1984).

Da die früheren Sammlungen grösstenteils vergriffen und höchstens noch antiquarisch zu ergattern sind, die Nachfrage aber unvermindert anhält, war es ein glücklicher Gedanke, die «gesammelten Werke» in einem neuen Band mit etlichem Unveröffentlichten zu vereinigen und auf den hohen «runden» Geburtstag des Autors herauszugeben. Diesem und dem Verlag sowie den Donatoren gebühren dafür Dank und Anerkennung. Der Autor hat die Anthologie nicht nur sorgsam zusammengestellt, sondern auch in fleissiger Kleinarbeit Retouchen vorgenommen und die Schreibweise in den mundartlichen Stücken noch lesefreundlicher gestaltet als bisher.

Blasius will mit seinen Versen in allererster Linie Freude bereiten und heitere Stimmung schaffen. Er sieht zwar die Unvollkommenheit dieser Welt und insbesondere auch die Unzulänglichkeiten Basels, jedoch will er sie primär nicht beheben (wie gewisse grimmige Problemdichter), vielmehr stellt er sie in das Licht einer lächelnden Ironie und eines feinen Humors. Auch dort, wo er zuweilen satirisch oder gar sarkastisch wird, verletzt er nie (dies im Unterschied beispielsweise zu einem Dominik Müller). Sein feines Taktgefühl steckt eine deutliche Grenze ab gegen das Polemisch-Aggressive, gegen das Pathetisch-Sentimentale und gegen das Grob-Vulgäre. – Wenn wir ihn klassifizieren sollten, dann müssten wir ihn als lyrischen Satiriker bezeichnen. Denn lyrisches Empfinden kommt immer wieder zum Zug, aber mit der spezifisch baslerischen Zurückhaltung, mit der Scheu vor dem «Seeleblittle». Blasius dichtet sodann aber auch aus purem Vergnügen an der Sprache, vorzugsweise am Baseldeutschen. Die Sprache ist für ihn ein kostbarer Werkstoff, der möglichst kunstgerecht und liebevoll bearbeitet werden muss – gehobelt, geglättet, gefeilt, geschliffen. Die Reime sind immer rein, bisweilen zwar auch ungewöhnlich und originell, nie aber forciert. Die rhythmische Grundstruktur eines Gedichts wird stets respektiert, was allerdings eine ab und zu freie Taktfüllung nicht ausschliesst. Die Mundart selbst ist ein untadeliges, jedoch nie manieristisches Baseldeutsch der klassischen Observanz.

Dank all diesen positiven Eigenschaften lesen sich die Gedichte leicht und mühelos; ihren ganzen lautlich-rhythmischen Reichtum erschliessen sie, wenn man sie laut liest. Am besten freilich trägt sie (was bekanntlich nicht bei allen Schriftstellern der Fall ist) der Autor selbst vor. Wer noch nicht das Glück hatte, Blasius seine eigenen Verse rezitieren zu hören, hat immerhin die Möglichkeit, anhand drei von ihm besprochener Schallplatten dieses Erlebnis nachzuvollziehen.

Unser Wunsch für den Leser – zugleich Glückwunsch für den Autor – ist, dass der vorliegende Band allenthalben Freude bereite – Freude an Gehalt, Form und Melodie der Gedichte, Freude an der Muttersprache und Freude an Basel!

Basel, Ostern 1986   Rudolf Suter

Baasel

My Stadt

Wyti Blätz und stilli Egge,
Diirm und Muure, brait und grooss,
Hyser, wo sich fascht verstegge,
Dalbeloch und Freii Strooss,

Gryzgang mit de kiehle Schatte,
Wulggegratzer fir d Chemie,
Bluescht uff wysse Kiirsimatte,
Lindeduft am dunggle Rhyy,

halb Seldwyla und dernääbe
au e Groossstadt, wo sich streggt,
bald verschlooffe, bald voll Lääbe,
wenn der Moorgestraich si weggt,

Lyt mit Fraid an Traditioone,
und fir s Nei doch intressiert,
gäärn baraad, die andre z flohne,
und uff ai Mool reserviert,

Fraue, Maitli, schygg und glunge,
lääbig, aber joo nit lut
und drotz ihre lychte Zunge
braav wie die soliidschti Brut,

Stadt, wo d Wind um d Gränze waihe,
und wo d Fäärni loggt und griesst
und wo graad, wenn di wottsch fraie,
dir der Fehn in d Gnoche schiesst…

O du Gmisch us häll und dunggel,
Späärerle und Toleranz,
Winterpflotsch und Sunnegfunggel,
Schnitzelbangg und Dootedanz!

I bi doch in dyne Muure
mit der Aarbed, mit de Draim,
mit de Fraide, mit em Druure
fir e Lääbe lang dehaim.

Verzell du das em Fährimaa!

Verzellt dir ix e Frind, e liebe,
e Gschichtli, und de merggsch derbyy,
dass äär di wott uff d Rolle schiebe
und dass sy Gschwätz nit wohr kaa syy,
so luegsch en vo der Syten aa:
Verzell du das em Fährimaa!

Mi stupft s, dä Spruch e bitzli z drille.
Wie männgmool, gang i d Stadt duryy,
entdegg i ganz fir mi im Stille
vyl Glunges zwische Door und Rhyy.
Und wien i s bschau, doo kunnt s mi aa:
Verzell das doch em Fährimaa!

I bi halt mit em Rhyy verbunde,
dur ihn kunnt mer my Haimet nooch.
Zwoor männgs isch in der Stadt verschwunde,
vyl redt fir mi e fremdi Sprooch.
So Scheens het s ghaa, wo nimme stoht...
Verzell du das em Groosse Root!

S git ainewääg no gnueg hit z gniesse
graad z Baasel linggs und rächts vom Stroom,
und mächtig iberm wyte Fliesse
stoht als no unsren alte Doom.
Wäär sait, er haig kai Fraid doo draa?
Verzell du das em Fährimaa!

14

Baasler Schnee

Wenn au d Lyt gäärn brophezeie,
z Baasel haig der Winter Mieh,
iber Nacht kunnt s doch go schneie,
scho isch s wyss am Moorge frieh.

Foot der Schnee au bald aa schimmle,
zeerscht isch d Stadt voll Poesyy.
Gmietlig und mit stillem Bimmle
rutscht my Drämli d Strooss duryy.

D Kinder strahle, das bigryff i,
hitte zellt s Dehaim-Syy nyt.
Mit de Schlitte, uff der Schlyffi
hänn si fascht e Feeriezyt.

Au der Bappe kunnt s alpin aa;
är hoolt d Ski und iebt, voll Stolz,
graad als syg er z Pontresina,
Langlauf uff em Bruederholz.

D Fraue, au die junge Hääsli,
sinn um ihre Belzhuet froh,
und mit sydig-roote Nääsli
schwanze si als Eskimo.

Wuurd me nit graad so biflisse
d Stroossebutzer wische gseh,
wuurd mit Sand nit sofort gschmisse,
kuum het s äntlig aimool Schnee,

wuurd mi nit graad s Styyramt frooge
no mym Minus und mym Plus,
hätt i nit am Ellebooge
syt zwai Daag e Häxeschuss,

bruuchti s kaini Kohlemänner,
wäär my Byyro wirgglig waarm...,
jo, dernoo hätt soone Jänner
– au fir mi – sy bsundre Charme.

15

Pflotsch

Lueg, wie scheen! Vom Himmel aabe
waiht s der Schnee uff Wääg und Huus.
D Wält isch glatt und ohni Graabe,
zuggrig wyss gseht s Lääben uus.
Mainsch nit, dass de Fraid haa sottsch,
Waart no! Moorn drampsch doch in Pflotsch.

Was di frait, muesch männgmool biesse.
Bisch vergniegt, scho isch es z frieh,
eppis dropft der zmitts ins Gniesse,
us em Sääge git s e Brieh.
Und uff aimool stohsch, du Dotsch,
mit de nasse Schueh im Pflotsch.

Kumm, mach kaini Stämpeneie!
Nimm s wies s kunnt, und bhalt dy Rueh.
Loss der nit in d Suppe schneie,
mach kai Kopf und butz der d Schueh.
Alli hämmer s glyych, was wottsch:
Fraide, Soorge, Sunne, Pflotsch.

Rhyyhaafe am Sunntig

Verlosse stehn die hooche Kraane
in ihrer Sunntigsrueh
und glyychen alte Veteraane,
wo nyt meh wisse z due.

Und unsre stolze, lute Haafe
isch hit e bitzli schyych
und gseht fascht uus wien ix e braave
und haimelige Dyych.

Au d Schiff dien oordlig und gidiige.
Me kaa s scho do draa gseh,
wie gmietlig si im Wasser liige,
als syg s e Kanapee.

D Matroose sinn au no am Pfuuse,
es regt sich kuum e Seel.
E Raichli stygt zuem Kemmi uuse,
no Suppe schmeggt s und Kehl.

Und uff em Degg im hälle Wätter
hängt Wesch und droggnet glyy.
E Katz spiilt uff de waarme Brätter…
woo kennt s no stiller syy!

Und doch! Am Ufer do am Gländer
waiht s aismools naime häär:
vo Meer und Salz und wyte Länder
e Gmisch, so fremd und schwäär.

Und jetz uff aimool waiss i s wiider:
wenn moorn d Sireene gällt,
dno isch die Glungge, braav und biider,
e Door zuer wyte Wält!

Dootedanz

Wenn du vo däm Blatz bihauptisch,
dass sy Namme lycht verstaubt isch,
mues der rächt gää, i gstand s yy.
Was basst hit no zue däm Titel:
heggschtens no der Burgerspittel
und e Saarggschäft nooch derbyy.

Fryylig, s haisst, an d Fridhofmuure
syge Dootedanz-Figuure
gmoolt gsi in der alte Zyt.
Aber an soo Sache z dängge,
kaa men uff däm Blatz sich schängge,
wo so lääbig vor aim lyt.

Zwische faarbige Rabatte
zäpfe Kinder iber d Matte,
und e Hund gumpt hindedryy.
Uff de Bänggli schwätze Fraue,
Meewe schiessen us em Blaue,
ääne glitzeret der Rhyy.

Und vor allem: doo vor Johre
isch der Heebel doch giboore.
Gäll, jetz griegt dä Blatz e Glanz.
Heersch nit «s Seilers Reedli springe»,
heersch nit zringsum Veegel singe?...
Gang, vergrab di, Dootedanz!

D Kasäärne synerzyt

s kaa syy, das andri das nit finde:
mir kunnt vo voornen und vo hinde
d Kasäärne styff und miehsam vor.
Deert, wo me gäärn am Rhyy wott raschte,
stoht brait e roote Sandstai-Kaschte
mit Zinne, Diirm und dunggle Door.

Und bschausch die Burg, hesch gly bigriffe,
dass do Regrute wäärde gschliffe;
so sträng luegt di die Hitten aa.
Und wenn im Hoof si ummesuure
und d Korpis briele oder gnuure,
hesch au nit grad Vergniege draa.

Und nummen aimool, wott s mer schyyne
luegt doch au d Fraid e bitzli yyne:
wenn s geege Samschtig-Oobe goht
und wenn im Gässli nätti Fraue
mit Stäärnliauge s Gatter bschaue,
bis s uffspringt und «äär» vor si stoht.

Er kunnt! Scheps uff em Schaitel s Käppi,
vo Kopf bis Fuess e glaine Näppi
zaigt er sy ganze Bundes-Charme.
«Was rollt hit z oobe, Grytli?» sait er
und lauft derno vergniegt und haiter
em Sunntig und em Schatz in Arm.

Der Brunne mit der fuule Magd

Jimpferli, am Brunnen oobe
voorne bim Formonterhoof,
soll i schimpfe, soll di loobe,
du vergniegte, fuule Goof?

Gsehsch nit uus, als wottsch gäärn schaffe,
duesch grad daas, wo dir bihagt.
Lache, spiile, ummegaffe...
schämmsch di gaar nit, glaini Magd?

Streggsch di fuul in Himmel yyne,
findsch halt, d Aarbed syg fir d Katz.
Jimpferli, es wott mer schyne,
daas syg z Baasel nit am Blatz.

Was de drybsch, isch fascht scho duschter.
Jeeder Huusfrau bisch e Quaal;
denn bi uns gilt halt als Muschter
d Marie us em Wisedaal.

Und doch, Maitli in der Sunne,
griegsch du numme beesi Woort?
Daarf me dir dy Fraid nit gunne
an däm bsunders scheenen Oort?

Loss mi s dir im Ghaime saage,
wenn uns baidi niemets heert,
dass im Grund mi dy Bidraage
an däm Blatz do gaar nit steert.

Alti Baim mit hooche Groone,
unden uffe ruuscht der Rhyy...
Daarf me doo nit – potz Millioone –
zytloos, fuul und säälig syy?

In de Langen Eerle

I waiss nit, was d Glaibaasler mieche,
wenn s zwischen ihrem Doorf und Rieche
die Langen Eerle nimme gäbt.
I glaub, si wuurde still versuure
und sich und jeedermaa biduure,
wo drotzdäm im Glaibaasel läbt.

Me kaa die Liebi guet bigryffe.
Wenn d Sunne schynt und d Veegel pfyffe,
kennt s in däm Pargg nit scheener syy.
Der Himmel blitzt wie blaui Syyde
dur hoochi Bueche, alti Wyyde,
und wär de driffsch, luegt haiter dryy.

Doo zäpft e Bueb mit haissem Molli
dur d Wäägli vom Glaibaasler Zolli,
deert drybt me mit den Affe Gspass.
Und ääne goht vergniegt e Bappe
im Restaurant e Bier go schnappe,
streggt syni Bai und glopft e Jass.

Und leege sich die dunggle Schatte
am Ooben iber Wald und Matte
und wird s dno finschter nootinoo,
so heert men uff de Bänggli lyysle,
und iberaal gsehsch Päärli dyysle
zuem Rendez-vous incognito.

Kurzum, fir Kinder und Poeete,
fir Lääbeskinschtler und Askeete
isch wirgglig soone Pargg e Gwinn.
E Daag deert usse isch rundumme
e Fescht, sogaar fir die, wo numme
Groossbaasler und drum Fremdi sinn.

Schiffländi

Bim Männli ooben an der Ländistääge
duen i mer gschwind e Gugge Drybel zue.
s isch hälle Moorge, und es kunnt mer glääge,
im Läärme vo den Auto, Dräm und Wääge
fir zäh Minute wien e Fremde z due.

Im Stadtblaan fryylig het dä Oort kai Stäärnli.
i mach mer s ainewääg biquäm und scheen,
spei iber s Gländer myni Drybelkäärnli
und bschau mer d Fraue, wo mit ihre Gäärnli
stadtywäärts iber d Brugg em Määrt zue gehn.

Was doch fir nätti Fraue z Baasel wohne!
I frai mi driber und lueg häär und hi.
Was macht s au, wenn derzwischen e Matroone
mi aablitzt, stolz und kiehl wie d Amazoone.
Si waiss halt nit, dass i e Fremde bi.

Sunscht isch der Bligg em Rhyy zue ehnter schääbig;
me gseht d Kasäärne und das git nit waarm.
Derfir sinn d Meewe um mi umme lääbig,
und d Stadt, wo männgmool biider isch und bhääbig,
do unde het si bletzlig Schwung und Charme.

s isch glunge, so als Fremde d Stadt z entdegge.
Jetz aber Schluss! I gang nit gäärn ewägg.
I waiss, hit daarf i gwiis an männgem Egge
das heerlig Gmisch no in Gidangge schmegge
us Sunne, Rhy, Benzin und Meewedrägg.

Bim Spillmaa

Zerscht, im Laade, stohsch im Dunggle.
Ghaimnisvolli Spiegel funggle,
s blitzt vo Glaas und Porzellaan.
Und e Diftli ohneglyyche
gspyyrsch um d Naaseleecher stryyche:
Pralinee und Marzipaan!

s Wasser laufft im Muul der zämme,
nyt meh kaa dy Gluscht jetz dämme,
bis in Tea-Room sinn s drei Schritt.
Sitz an s Fänschter, loss di sunne,
und scho hesch e Stindli gwunne,
wo nit jeede Daag der git.

Steert di rächts und linggs das Gschnääder?
Nai, hit hesch e Hut us Lääder,
gar nyt macht der jetz e Gropf.
Sirpflisch Tee und gniessisch s Lääbe,
bschausch der Rhyy und schluggsch dernääbe
Mohrekopf an Mohrekopf.

Und dänggsch an die alte Zyte,
gsehsch d Frau Spillmaa duureschryte,
Confiseuse und Määrlifrau!
Si verpaggt mit waiche Händli
fir d Frau Levy und d Frau Brändli
sibe Cornets Pralinee.

D Zyt vergoht wie waarmi Glace.
Schleefrig sitzisch vor der Dasse.
Langsam kunnsch der soo – s isch wohr –,
gfillt mit hundert guete Sache,
rund und waich und trotzdäm bache,
wien e Spillmaa-Däärtli voor.

Spaalebäärg

Ganz oobe stoht en alte Brunne,
und unde goht s zuem Määrt duruus;
derzwischen, in der hälle Sunne
e gmietlig Gässli, Huus an Huus.
Kai Auto kaa di iberhoole,
und isch s au gääch und s Drottoir gnapp,
de laufsch vergniegt uff lychte Sohle
der Spaalebäärg durab.

Und scho blyybsch stoh und bschausch der d Lääde,
kauffsch doo e Buech, suechsch deert e Schmugg.
Mit dausig unsichtbaare Fääde
hebt aim die Gass und losst nit lugg.
Was wottsch! Dy Häärz het lengscht entschiide:
scho iibermoorn – verloss di druff –
spaziersch du wider säälig-zfriide
der Spaalebäärg duruff.

Und driffsch au Lyt mit Bohème-Bäärtli,
s goht friidlig zue bis z Oobe spoot.
Der aint macht Väärs, der ander Däärtli,
im «Laiezorn» gseht niemerts root.
Und schneit s emool, so git s fir d Kinder
e Fescht, und männge glaine Grabb
rutscht uff em Schlitten oder Hinder
der Spaalebäärg durab.

Wie braav isch alles und wie bhääbig!
Zuem alte Baasel findsch e Brugg.
Was fascht vergässen isch, wird lääbig
und kunnt in der Erinnrig zrugg.
s Lisettli gsehsch e Halbe bringe
im Baizli fir dy glaine Suff,
und laufft nit deert der Dinge-Dinge
der Spaalebäärg duruff?

Der Tinguely-Brunne

Hesch du emool e lychte Kaater,
was aim jo gschwind bassiere kaa,
so lueg der unden am Theater
em Tinguely sy Brunnen aa.

Dä isch so lääbig und so glunge,
e baaslerischi Moodeschau!
Graad hesch doch non e Wietli gschwunge,
scho isch dy Himmel wider blau.

Vergniegt bschausch du die Greatuure
im Wassergfunggel und im Gspritz,
s sinn Ainzelmassge und Figuure
voll Gaischt und Charme und Faasnachtswitz.

Und griegsch au Wasser uff dy Schäädel,
so frai di ainewägg, du Dropf,
syg s jetzt am «Sechter», syg s am «Wäädel»,
am «Waggler», am «Theaterkopf».

De kaasch no ganz e Huffe bschaue,
ain schuuflet und ain spritzt, dass s zischt.
So blybsch halt stoh und machsch hit Blaue
und spiilsch e Zyt lang der Tourischt.

Und luegsch e weenig um di umme,
gsehsch graad, de bisch jo nit elai.
D Lyt giigele lut zringelumme
und gniesse s mit dir, Grooss und Glai.

Dä Brunne hätt – da'sch glaar – en Oorde,
wäär ych in dääre Jury gsi.
Er isch e Baasler Bijou woorde,
graad so wie Si, Herr Tinguely.

s Elfdausig Jumpfere-Gässli

E Gaischt sy in däm Gässli,
das gäbt fir mi e Gspässli,
wenn s Lääben ummen isch.
Mit Syffzgen und mit Kyyche
als Gspängscht deert ummeschlyyche,
das wäär verfiehrerisch.

D Lyt luege ganz verschrogge,
wenn ych uff waiche Sogge
im wysse Mondliecht kumm
und haimlig und verstohle,
e Stimm wien us der Dohle,
my «gueten Oobe» brumm.

Sunscht wurd i mi verstegge
am Daag in stillen Egge
und luege, was doo goht,
und hie und doo zuem Juxe
e Styrbiamte fuxe
und e Regierigsroot.

Vilicht kann i deert hinde
no andri Gspängschter finde
us lengscht vergangner Zyt.
Die wuurde mir dno brichte
die haimeligschte Gschichte
vo allergattig Lyt.

Daas gäbt e Kaffigränzli
und haiter Dootedänzli
vo Anno Domini.
Und driff i in däm Rahme
elfdausig jungi Daame,
he nu, es giengt no dryy.

Rääge-Juni

Jeede Moorge in der Glappe
saisch der: hit wird s äntlig scheen!
Zoobe räägnet s der uff d Kappe,
und derzwische foosch aa schnappe
wäge däm verflixte Fehn.

Niene kaasch im Freie hogge,
ohni Gwitterwulgge z gseh.
Sunscht isch doch der Juni drogge,
dissmool lauffsch in nasse Sogge
und statt Bier dringgsch Hueschtetee.

Soone Summer isch e Metti.
Was isch mit em Baad im Rhyy?
Dunggsch der Zeeche dryy, so wett i,
s kunnt vom Himmel graad e Schwetti.
Scho bisch nass. Was wottsch no dryy.

Au der Laubfrosch macht Theater
und goht in sym Glaas fascht druff.
Er wird als wie desparaater
und het scho der Musggelkaater
vo sym Stäägli ab und uff.

Wottsch in d Feerie, kunnsch in d Glemmi.
Wäär waiss, won er aane wett?
s Bescht wird syy, de hänggsch (verglemmi)
dyni Feerieblään in s Kemmi.
Blyb dehaim und gang in s Bett!

Petrus, s isch kai Zyt z verliere,
nimm di zämme, mach nit schlapp!
Mir wänn schwitze und nit friere.
Doorum loss di pensioniere
oder stell der Hahnen ab!

Die alti Uni

De bisch en alti Dante, mecht i saage,
wie s Baasel kuum meh aini git:
vornähm und gscheit, in alle Frooge bschlaage,
no gsund und graad trotz dyne alte Daage
und in der Stadt bikannt uff Schritt und Dritt.

De hesch, so alt de bisch, no vyyl Verehrer,
die junge Mentsche lauffe dir jo noo.
Si sitze z Fiesse dir als braavi Heerer
und nämme di e Lääbe lang zuem Lehrer.
De bschänggsch si ryych und lehrsch si wyter goh.

De wohnsch am Peetersblatz in Baim und Gaarte,
giboore aber bisch graad iberm Rhyy.
Doo stoht dy Huus no uff der hooche Waarte,
und wär di kennt, kehrt au no wyte Fahrte
deert in Gidangge immer wider yy.

Und jeede «Dies» isch zue dynen Ehre
fascht e Familiedaag und doorum scheen,
wenn im Talaar die vyyle glehrte Heere,
wo zue dym ängschte Frindesgrais wänn gheere,
so gmietlig-ungeniert dur d Gasse gehn.

Blyb, wie de bisch, und gäb s au Querulante,
wo maine, de wäärdsch langsam mied und grau.
Mir gfallsch um alli Egge, alli Kante,
und doorum saag i: nai, de bisch kai Dante,
de bisch en eewigjungi, gscheiti Frau.

Am Rhyywääg

Wie männgmool sitz i doch am Rhyywääg unde,
wenn iber d Stadt dur stilli Oobestunde
die letschte lyychte Sunnewulgge ziehn.
Vom Minschter häär sinn d Gloggen am Verlyte,
und wien e Melodyy us alte Zyte
so ruuscht der Rhyy, und d Wälle funggle grien.

Es dimberet. Wär isch no um mi umme?
I heer der Fährimaa e Liedli summe,
er laufft em Stroom no haim, sy Nache stoht.
Wär waiss, vilicht sitzt nooch bi mir am Schäärme
verliebt e Päärli? Ach, wär wott nit schwäärme,
wenn lau im Lindebluescht der Nachtwind goht.

Uff aimool, vor s no dunggel wird und finschter,
stehn Moond und Stäärn am Himmel iberm Minschter.
Wie Dau legt sich e Glanz dervoo uff d Stadt.
Und ghaimnisvolli, schmaali Gäärte styyge
im wysse Liecht us Wälle, Nacht und Schwyyge.
I lueg und stuun und wird jo doch nit satt.

Syg zfriide, Häärz! Was losch di männgmool blooge
vo driebe Soorge, Engscht und dunggle Frooge?
Was Stadt und Stroom der saage, loos doch zue!
Am alte Rhyywääg in de stille Stunde
hesch, was de suechsch, no allewyle gfunde:
Fraid fir dy Daag und fir der Oobe Rueh.

D Schwimmschuel bi der Pfalz

(in memoriam)

Der Winter duure lyt si still am Schäärme,
nooch bi der Fähri und ewägg vom Läärme.
Wär luegt das dunggel Grischt scho aa? Wäm gfallt s?
s gseht gaar nit gluschtig uus im graue Wätter,
kabutti Pfeschte, Blääch und grummi Brätter:
die alti Schwimmschuel unden an der Pfalz.

Soo isch s im Winter, bis dernoo im Maie
am blaue Himmel Wulggefahne waihe
und d Sunne wider blitzt im junge Rhyy.
Me het druff blangt und losst sich nit lang bitte,
s kunnt Faarb und Lääben in die alti Hitte,
und mit em Winterschleeffli isch s verbyy.

Isch daas e Gspritz, e Läärmen und e Gschwaader!
Jetz sinn si wider zämme, d Schwimmschuelbaader,
e Summer lang blybt kain vo ihne furt.
Nai lueg, wie baadet wird und gaitscht und gschwumme!
Und Buebe, bruun wie Kaffi, zäpfen umme,
doo kepflet ain, deert zaablet ain am Gurt.

Und uff de Bänggli sitzen alti Heere,
wo iber Aktien und Prozässli schneere,
männg Gschichtli heersch und männge fuule Witz.
Derzwische gehn si sich im Rhyy go dungge
und sunne noochhäär, in e Schlooff versungge,
die runde Bychli zfriiden in der Hitz.

Wie schaad! So bald goht z Änd die scheeni Gwohned.
Im Herbscht schloofft alles yy fir langi Mooned.
E Huus, wo niemerts frait, e stills und alts…
Und draumt doch hit scho underm driebe Himmel
vo Sunne, Summerfraid und Buebegwimmel.
Du liebi Schwimmschuel unden an der Pfalz!

Wenn der Minschterblatz verzelle kennt...

Stilli Hyser in der Oobesunne,
fyyrlig iberm wyte Blatz der Doom,
under dunggle Baim en alte Brunne,
vo der Pfalz häär d Luft vom kiehle Stroom...
Was dy Stadt isch, niene kaasch s so lehre,
wil di nyt vo dyner Haimet drennt,
und dy Häärz wurd dausig Gschichte heere,
wenn der Minschterblatz verzelle kennt.

Gschichte sinn s, wo s Lääbe het erfunde,
Gschichte, wo dur alli Zyte gehn,
vo der Stadt und ihre groosse Stunde,
wenn vom Duurm die dieffe Glogge schlehn,
vo de stille Dääg, vom glaine Lääbe,
Fraid und Soorg, wie jeedi Stadt si het...
Nai, mir alli looste nit vergääbe,
wenn der Minschterblatz verzelle wett.

Mentsche gehn verbyy syt vyle Johre,
Gescht und Fremdi us der halbe Wält,
Glehrti, in Gidangge dieff verloore,
Buebe renne, wil s im Schuelhoof schällt,
Kinder rausle um die alte Muure,
zmitts dur d Fraid drait ain sy Soorgebuurd.
Wievyyl Mentsche, wievyyl Gligg und Druure...
wenn der Minschterblatz verzelle wuurd.

Zwoor, wett hit er reede, wuurd me s heere?
Schluggt sy lyyslig Woort der Läärme nit?
Baasel, gäll, de haltsch dy Blatz in Ehre,
gunnsch em d Rueh, won em sy Scheenhait git!
Wenn emool in d Stilli d Glogge lyte,
– numme graad der Rhyy ruuscht äänedraa –,
sinn si nimme wyt, die scheene Zyte,
wo der Minschterblatz verzelle kaa.

Uff em Minschterduurm

E hälle Himmel strahlt, e herbschtlig-blaue
und wulggeloos, sowyt als s Aug kaa gseh.
My Stadt vom Minschter oben aabe z bschaue,
isch hit e Daag, wie lang scho kaine meh.

Fascht dunggel isch s im hooche, wyte Minschter.
Dass i doch glyy in d Sunnen uffe kumm!
E Stäägli nimmt mi uff, s isch äng und finschter,
und d Stapfle sinn scho syt Johrzähte grumm.

Gääch isch der Wääg, my Häärz schloot männgmool schnäller.
I mach derzwische gäärn e glaine Halt.
Und styyg dno wyter. Langsam wird s jetz häller,
scho blinzlet d Sunne dur e Muurespalt.

Und jetz uf aimool stand i graad im Himmel.
I ootmen uff. Wie frei kumm i mer voor!
Zringsum isch Liecht, und under mir e Gwimmel
vo Mentsche, Wääge, Dächer, Blätz und Door.

Und wien i neecher lueg, so wott s mer schyyne,
dass men e Stadt vo oobe nei entdeggt.
I gseh verstuunt in männge Gaarten yyne,
wo haimlig hinder Muure sich versteggt.

Isch daas der Määrt? Und lyt äch deert der Zolli?
Woo gheert die Kirchen aane und dä Duurm?
Und doo die Gässli, ängi, ghaimnisvolli...?
Bim Sueche wird s mer fascht e bitzli stuurm.

Und doch! Was wott i mi au lang go blooge.
My Stadt kunnt langsam wider zue mer zrugg.
I gseh der Rhyy im groosse, braite Booge
und d Pfalz und d Fähri, s Waisehuus und d Brugg.

Und deert, im hälle Granz vo griene Wälder,
lacht mer d Grischoone mit em Kiirchli zue.
Und ganz im Blaue, äänen an de Fälder,
stoht vor em freie Himmel d Gämpeflueh.

Ob wyt, ob nooch, i mues mi nimme bsinne.
So scheen wie hit isch s jo scho männgmool gsii!
So waiss is denn und gspyyr s bis zinnerscht inne,
dass i dehaim und in mym Baasel bii.

Im Gryzgang

Kiehl waiht s mi aa us ändloos wyte Zyte,
und ganz vo sälber, wenn i au nit will,
wird uus mym gschwinde Gang e langsam Schryte,
so fyyrlig isch s im Gryzgang und so still.

Lang blyb i stoh vor dunggle Woopeschilder
mit Zaiche druff, won i mer kuum me dyt,
und wie in alte, fascht vergilbte Bilder
suech i e Wält, wo lengscht vergraabe lyt.

I gspyyr der Dood in allen Egge luure,
dumpf deene d Glogge jetz vo dusse häär,
d Vergängligkait luegt us de graue Muure,
i frier, und s aige Häärz wird äng und schwäär.

Do fallt my Bligg dur d Boogefänschter uuse
uff Stadt und Rhyy im waarme Sunneglanz.
Scho ootmi frei. Der Heerbschtwind gsehn i bruuse
am Wulggehimmel und im Bletterdanz.

E Sunnestrahl schlyycht sich ins Dunggel yyne
und moolt der Sandstaiboode lääbig root.
Und jetz uf aimool wott s mer nimme schyyne,
als syg do innen alles alt und doot.

Dä Schuelbueb deert verzellt, versteggt im Schatte,
der neischt und gar nit hailig Witz sym Frind,
bis baidi frehlig iber d Greeberblatte
der Pfalz zue springe wie zwai jungi Hind.

Und doo das Päärli hinde bi der Syyle,
wie gniesst s dä finschter Eggen und sy Schutz!
Es dänggt nit draa, vor graue Greeber z hyyle,
und git sich säälig und vergniegt e Schmutz.

I gang der Pfoorte zue. An d Arbed will i,
ins schaffig Lääbe zrugg, i frai mi druff.
Und häll, no aller Dunggelhait und Stilli,
goht iiber mir der sunnig Himmel uff.

Glaibaasler Riviera

Wott emoole d Sunne bräägle
und dy Häärz in Summer säägle,
waart nit lang, sunscht isch s verbyy.
Isch s emool bi uns im Noorde
doch no waarm und haiter woorde,
bsinn di nit und gang an Rhyy.

Am Schaffhuuser-Rhyywääg ääne
an die haisse Stai di lähne,
nooch em kiehle Wasser zue
und in Glanz vom Stroom verspunne...
Woo kaasch in der Summersunne
so voll Fraid dy Zyt verdue?

Under dir heersch s Wasser gaitsche.
Heerlig isch s, am Ufer z laitsche;
hit nimmt niemerts eppis grumm.
Stillvergniegt lysch uff em Rugge,
fraisch sogaar di iber d Mugge
und, wenn s z haiss wird, machsch e Schwumm.

Aber ganz elai deert z broote,
wird der numme sälte groote.
Andri hänn au d Sunne gäärn.
Wenn si brennt, so isch s am Rhyy doo
graad so lääbig wie im Lido
in Ascona und Luzärn.

Fryylig, d Dalbe bruuchsch nit z sueche.
Maischtens driffsch deert unde d Rueche
us der Bach- und Pfyffegass.
Aber gäll, de bisch kai Duubel
und hesch drotzdäm in däm Druubel
dy Vergniegen und dy Gspass.

Ain spiilt Balle, ain wäscht d Schaiche,
und der dritt schimpft alli Zaiche,
wil sy Mops in Rhyy wott goh.
Und der viert het scho in petto
«Dixieland» und «Rigoletto»
uff sym Tschätter-Radio.

Nur der Fritz mit syner Gryte
schlycht e bitzeli uff d Syte.
Soone Flirt am Rhyy isch s Bescht.
Gsehsch si in der Sunne liige?
Hand in Hand und ganz verschwiige
hänn do zwai ihr Kääfer-Fescht...

s Huus zuem glaine Sindefall

Jo, wäär i e Diräggter,
so wuurd i vyyl verschläggter
und wott, i waiss nit waas.
Als Dichter wird me bschaide.
Miest i mi jetz entschaide,
so mecht i numme daas:

Fir myni stille Stunde
e Huus am Rhyywääg unde
wie das «zuem Sindefall».
Und isch s au gnoorzig inne,
i miest mi nit lang bsinne,
ob s mir au wirgglig gfall.

s maag Ritze haa und Fuege,
me bruucht so gnau nit z luege,
s het au sy Poesyy.
Und in de schmaale Stääge,
wirds äng syy, mynetwääge,
my Ränzli kunnt verbyy.

Derfir in allen Egge
kaan i my Baasel schmegge,
und vor de Fänschter stoht
my Stadt mit Dirm und Muure,
wo mir in Fraid und Druure
graad bis ans Häärzbluet goht.

Und wird vilicht i speeter
en alte Spoorepeeter,
my Häärz blybt drotzdäm jung,
wenn d Wälle dureschiesse
und d Minschterglogge griesse.
Das git aim Fraid und Schwung.

Am Fänschter wuurd i sitze,
gseh, wie der Rhyy kaa blitze,
er macht mer d Stuube häll.
Und bschau im Gaischt my Lääbe:
Gligg, Soorge und dernääbe...
die glaine Sindefäll.

Dalbekiirchli

Wottsch di aigedlig verstegge,
Kiirchli nooch am griene Rhyy,
und in dym verdraumten Egge
vo der Wält vergässe syy?

Wäär di finde wott, mues sueche,
bisch kai Kiirche, wo sich sunnt.
Hinder Dannebaim und Bueche
waartsch druff, dass me zue der kunnt.

Wäär fir d Stilli nit baraad isch,
zellt in dynen Auge nit;
aber dää isch dir sympathisch,
wo sich in dy Friide git.

Alles um di isch im Schatte,
und im dunggelgriene Moos
liigen alti Greeberblatte,
wättergrau und haimetloos.

Und so still isch s bi der inne,
dass me heert, wie s Häärz aim schloot,
und dass jeeden ohni Bsinne
uff de Zeechespitze goht.

Kiirchli, glai und fascht verloore…
Allewyle dängg i draa,
dass i in dym Huus vor Johre
voller Gligg haa Hochzyt ghaa.

Doorum blybsch du mir fir s Lääbe
in der Seel verdraut und nooch,
und my Häärz suecht nie vergääbe
Drooscht in dyner ghaime Sprooch.

Adie Stäärne!

Wider rysst e Huus men aabe,
alles Schimpfe isch nyt nutz.
Wider gseht me Bagger graabe,
wider frässe d Groossstadt-Schaabe
Lecher zmitts in Haimetschutz.

Ohni «Stäärne» het doch d Aesche
iberhaupt kai Charme und Raiz.
Drotzdäm steggt men en in d Däsche,
und mit Pfanne, Gschiir und Fläsche
suecht der Wirt e neii Baiz.

Hämmer nit scho gnueg Kasäärne,
voll vo Mieter bis an Rand?
Soone Wunder wie der Stäärne
findsch sogaar mit der Ladäärne
kuum e zwaits in Stadt und Land.

Lauff duur s Huus, dno muesch mer s glaube,
kunnsch der vor wie im Romaan:
ängi Stube, schmaali Laube,
alti Helge, wo verstaube,
Brunne, Hoof und Kaigelbahn.

Und bim Gleesli us der Buttle
sitzt me fascht em Gligg im Schooss…
Syg s der Vischer ooder d Schmuttle,
äss er Beefsteak oder Kuttle,
jetz sinn alli haimetloos.

Mechtsch nit fascht zuer Hut uus springe?
Schiessisch nit am liebschte schaarf?
Gwiis dänggt au der Dinge-Dinge
jetz an Götz vo Berlichinge,
wenn me das im Himmel daarf.

Aber Schluss jetz mit em Brumme!
Ais gilt, liebe Stäärne, doch:
Sinn emool e baar Johr umme,
haisst di Baasel nei willkumme
als der «Star» vom Dalbeloch!

(PS) Was i syner Zyt haa dichtet,
het sich schliesslig doch no grichtet.
Zwoor fir d Aesche isch s verbyy.
Aber nooch am Rhyyboord unde
het der Stäärne doch no gfunde
Blatz fir d Baiz und fir sy Wyy.

Dalbeloch

Hochzytslyt ziehn no Venedig.
Hesch kai Gäld und bisch no leedig,
gang emool an Dalbedyych.
Wie z Italie hets deert Brugge,
Gässli und Kanääl mit Mugge,
und im Summer stinggt s au glyych.

Guet, s isch glaar, e Globetrotter
findet s rächt Venedig flotter,
s Dalbeloch wär ihm e Strooff.
Aber dii dunggt s fein und glatt so
und, als syg s der scheenscht Palazzo
hesch dy Fraid am Pfäfferhoof.

Lueg, am Fänschter oobe d Dahlie
hänn der glych Glanz wie z Italie,
wenn in ihne d Sunne blitzt.
Und dä dräggig glai Bambino
het doch au sy Poesyy no,
wien er jetz am Brunne spritzt.

Wingglig, eggig isch s und kantig
und graad doorum voll Romantig;
wie im Syyde kunnsch der vor.
Iber allem voll Grandezza,
graad als lueg er syni Schetz aa,
stoht der Duurm vom Dalbedoor.

Aber jetz lauff s Gässli fiire!
Uff springt no der Ängi d Diire.
Stohsch am Rhyy, dasch anderlai.
Iber d Stadt no alle Syte
goht der Bligg in blaui Wyte.
Globetrotter, jetz bisch glai!

S herbschtelet

S Gäärtli blieht – s isch fascht zuem Moole –
in der letschte Faarbebracht.
Und doch soll s der Deifel hoole!
Denn im Käller bygt me Kohle,
und am Säxi isch scho Nacht.

Duet au d Sunne nit derglyyche,
bald gheert si uff s Stumpeglais.
Immer speeter kunnt si z schlyyche.
Bis si d Nääbel kaa verschyyche,
goht scho hindenaabe d Rais.

Frieh am Daag zuem Bett us gumpe?
Niene isch s der jetz so wohl.
Fuul und daig bisch wien e Glumpe,
zoobe fraisch di uff der Stumpe
oder uff e Zwaier Dôle.

Isch s doo wiirgglig schwäär z bigryffe,
dass de non em Summer blangsch?
D Veegel heert me kuum meh pfyffe,
und scho nimmsch e Grog, e styffe,
wil de sunscht e Schnuppe fangsch.

s längt jetz. Schimpf nit alli Zaiche!
s goht is alle glych, heerjee!
Sitz an Sunneschyyn, an blaiche,
und stell in der inne d Waiche
langsam halt uffs Lääbe B.

Am Birskopf

Am Birskopf gegen Oobe
haan i als gäärn e Stand.
Zwoor ääne sinn scho d Schwoobe,
doch doo isch Haimetland.

Verdraut isch mir die Matte
syt myner Buebezyt.
E Stindli deert im Schatte,
i glaub, i raisti wyt.

Em Boord zue uff em Bänggli
do schmeggsch glyy, was de hesch,
und wäärs au numme s Gstänggli
vom Rhyy und nasser Wesch.

E Herbschtdaag isch jetz umme,
und kiehl wird s in de Baim.
E Schlepper heert me brumme,
e Waidlig stachlet haim.

Die erschte Liechtli funggle,
und d Nacht kunnt notinoo.
I bin elai im Dunggle,
my Häärz isch lycht und froh.

Isch s nit, als saag der Rhyy mer:
«Kumm, rueh di uus, blyb doo
und sitz e bitzli by mer!»
Schaad. I mues wyter goh.

I nimm mer e Brissago
und mach mit mir e Wett:
e zwaite daarf nit aagoh
i bii vorhäär im Bett.

Waisch no…?

Saag, waisch no, wien emool der Rhyy
dur Baasel gloffen isch,
nit braav an Brugg und Joch verbyy,
nai, greftig, jung und frisch?

Und wie mer ooben an der Au
in s Wasser sinn zuem Schwumm,
an Summerdääg, so häll und blau
wie im Elysium?

Und wie der Stroom no uns het gheert,
so wyt fascht wien e Meer,
und nyt is het der Wääg verspeert,
kai Muuren und kai Wehr?

Und gsehsch am Uufer in de Baim
no d Salmewooge stoh
und d Fischer schleeffrig wie im Draum
ihr Netz in s Wasser loo?

Soo het er is der Stadt zue drait,
dä brait und mächtig Rhyy.
Mer hänn im Häärz is driber gfrait,
wie scheen s bi uns kaa syy.

Und hit? Es duet mer männgmool laid,
lueg i der Stroom mer aa,
und gseh sy grau und dunggel Glaid
mit Eel und Fläägge draa.

Und bi der Au isch s nimme grien,
no Ruess schmeggt s und Fabrigg.
Und wenn am Heernli d Wulgge ziehn,
stoht s Stauwärgg vor mym Bligg.

Gang, lueg derzue, dass s nit bassiert,
und saag nit, s syyg der glyych.
Wenn unsre Rhyy sy Glanz verliert,
so simmer nimme ryych.

Und saisch mer jetz, i bloog mi z gschwind,
i bruuch nit Soorge z haa...
verzell du das, my liebe Frind,
verzell s em Fährimaa.

Der Baasler

Soo simmer

Was soll das Schneede,
  der Baasler syyg nyt!
Schluss mit däm Reede
  vo gspässige Lyt!
Glunge, nit gspässig,
  das isch unser Muschter,
haiter, nit hässig,
  sinn d Zyten au duschter.
Baasel verloche?
  Doo stehmer uff d Bai.
Ghauen und gstoche,
  uns griegt me nit glai.
    Der Beppi blybt oobe
    drotz Zircher und Schwoobe
    und macht men au gäärn vor em s Gryz,
    er gheert drotz de Sinde
    doch voornen und hinde
    vom Kopf bis an d Zeeche zuer Schwyz.

Witz kaasch nit kauffe,
  doo hilft der kai Gäld.
Wyt muesch nit lauffe,
  isch Baasel dy Wält.
Nimm ain vo Rieche,
  nimm ain vo der Stadt:
lääbigi Sieche,
  voll Entrain und glatt.
Schlyff joo dy Zunge,
  me nimmt di am Schopf.
Findsch das nit glunge,
  hesch Säägmähl im Kopf
    Em Beppi sy Schnuure
    kunnt iiberal duure,
    und macht men au gäärn vor em s Gryz,
    er gheert drotz de Sinde
    doch voornen und hinde
    vom Kopf bis an d Zeeche zuer Schwyz.

D Stadt, wo mer wohne,
   isch buschber und gsund.
Gmisch us Grischoone,
   us Gscheithait und Schund.
D Fraue sinn syydig
   und braav, wenn s mues sy.
Niemerts wird nyydig,
   und kaine schloofft y.
Gäärn simmer grytisch,
   gänn jeedem sy Dail,
und hänn, wenn s Zyt isch,
   uns sälber am Sail.
      Und hämmer au Mängel
      und sinn kaini Ängel
      und macht men au gäärn vor is s Gryz,
      mer sinn drotz de Sinde
      doch voornen und hinde
      vom Kopf bis an d Zeeche fir d Schwyz.

I bin e Beppi

I bin e Beppi und gstand s yy,
e gfallt mer z Baasel guet.
Und wenn ain spettisch grinst derbyy,
dä nimm i uff der Huet!

I waiss, mer hänn jo in der Schwyz
kai bsunder Renommée.
und d Aidginosse mache s Gryz,
mien si e Baasler gseh.

I waiss, mer sinn mit fremde Lyt
e bitzli reserviert,
und dien sogaar vo Zyt zue Zyt,
als syge mer blasiert.

I waiss, mer rysse Hyyser yy,
die scheenschte, s isch is glyych,
und staue schliesslig no der Rhyy
zuem bleede braite Dyych.

I waiss, mer gspyyre vyyl der Fehn,
hänn Schulde bis an s Dach,
und määrden erscht, wenn d Drummle schlehn,
aimool so richtig wach.

I waiss, der Baasler – wuurd er gfrogt –
läbt gäärn biquääm und fuul,
und s ainzig, won er sälte hoggt,
isch uff sy aige Muul.

I waiss, mer dängge z vyyl an Schund
und glyy druff dien mer z gscheit,
und sinn em Deifel doch im Grund
halb ab em Kaare keit...

I waiss das alles zämme gnau,
e brennt mer uff der Hut.
Und ainewääg, wenn i mi bschau,
so saag i gäärn und lut:

I bin e Beppi und gstand s yy,
es gfallt mer z Baasel guet.
Und wenn ain spettisch grinst derbyy,
dä nimm i uff der Huet!

Baaseldytsch

(accent bâlois)

Es lyt mer scho syt langem uff em Maage
und schnyydet mer e Stiggli Haimed ab.
Was mainsch dermit? I wott s ganz ehrlig saage:
s goht mit em Baaseldytsch langsam bachab.

Mer lääbe z nooch an fremde Landesgränze.
Kai Wunder, dass me s Baaseldytsch verliert.
Wie soll me denn in dääre Sprooch no glänze,
wenn rächts e Waggis, linggs e Schwoob barliert!

No ais: graad bsunders scheen isch s jo nit z reede.
s bassiert der lyycht, dass ebber driber lacht.
Mir isch es glyych, wenn andri Schwyzer schneede.
Der Ziircher Halsgrampf isch jo au kai Bracht.

Mer hänn kai R. Das wott i nit verschwyyge.
s Halszäpfli straiggt fir nyt und wider nyt.
D Sprooch deent dno wien e lyycht verstimmti Gyyge.
Der Wääg zuer Stradivari wäär no wyt.

Und ainewääg! I wott nit anderscht schwätze;
denn nyt am Baaseldytsch isch styff und lahm.
Wär s Geegedail sait, kunnt bi mir an Lätze;
denn d Baasler Zunge sinn ganz sälte lahm.

Glatt, lääbig, männgmool sehr iroonisch,
da'sch s Baaseldytsch und das isch unsri Sprooch,
und usserdäm, wil s halt so Traditioon isch,
zwelf Mooned lang e bitzli faasnachtsnooch.

Kumm, Beppi, gib der Mieh, si suuber z halte.
I gib der zue, s isch männgmool zimlig schwäär.
Und drotzdäm, fir die Jungen und die Alte,
blybt s d Haimed – mynetwääge ohni R.

Baaslerdütsch

(accent allemand)

Jetz bin ich doch e Baaslerin geworde
und doo dermit en ächti Schwyzerin.
Und stoht my erschti Wiegen au im Norde
und het myn Papa au e dütsche Orde,
im Schwyzerländle bin i nunmehr in.

My Baaslerdütsch macht zwoor no öfters Pause.
Wie kaan e Sprooch au nur so schwiirig syy.
Si het fir mich halt ihri aigne Flause.
Zum Byschpil doo das Städtle bi Schaffhause
haisst das jetz Sty am Rhei, haisst s Stai am Rhyy?

Im Konsum bstell i sälbstverständlich «Schungge».
Dass Spargle «Sparse» haisse, han i glehrt.
Statt langsam lauffe, sag i munter «glungge».
So kaan ich mit der Sprooch scho zimlig prungge.
Nur häufig tönt halt manches doch verkehrt.

I lieb s, mi in de Schwyzer Farbe z kleide;
denn root und weiss, das stoht mym Teint sehr wohl.
Und ob s us Wolle gmacht isch oder Seide,
myn liebe Gatte mag das beides leide,
au wenn mir Ferie mache im Tirol.

In s Kunschtmuseum gang i oft go gugge.
Kunscht und Geschmagg sinn heutzutag e Gwinn.
Zwoor der Picasso isch fir mich meschugge.
Au d Bürger vo Calais kann i nit schlugge,
wil s mir missfallt, das si so traurig sinn.

Fahr ich im Porsche, fühl e Stolz i keime
vo wäägem schwyzerische Führerschein.
Und doorum gstand ich freudig im Geheime:
ich bin jetz niene anders soo deheime
wie z Baasel am – en Augeblick – am Rhein.

Drummlen und Pfyffe

Dass unser Woope mir nit gfallt,
wird männge nit verstoh.
Und doch: es Drummle fählt em halt,
derzuen e Piccolo.

E schwaarze Staab, so styff und kiehl,
mues das denn wiirgglig syy?
Wo blybt doo Lääbe, Fraid und Gfiehl,
wo Faarb und Melodyy?

Waisch nit, wie s uns fascht d Bruscht versprängt
und bis ans Häärzbluet gryfft,
wen aine z Baasel d Drummle längt
und wenn s dur d Gasse pfyfft?

s maag sy, de heersch s zuem erschte Mool
und d Ohre dien der weh;
der Beppi lacht, es wird em wohl,
sy Himmel kaan er gseh.

Und pfyfft s derzwische, fyyn und spitz,
als haig di ain am Sail,
so nimm s – verdraisch es nit – als Witz!
s isch au vo uns e Dail.

Was duet s, wenn s nit in d Wyti glänzt!
Derfir isch s unsri Sprooch,
und wenn e Dambuur d Daagwach schränzt,
so isch is d Haimed nooch.

Kumm, Baaselstaab, nimm si zuer Hand,
dy Drummle, wie sich s gheert,
und ruess, bis dur s Scholaschtegwand
dy Häärz me glopfe heert!

D Frau Saaresy het kalti Fiess

I waiss nit, was das isch: i kumm nit us em Friere
und won i bii, haan i e freschtlig Gfiehl.
Es nutzt mer aifach nyt, go sportle und mi riehre.
I glaub, i bi scho vo Natuur us kiehl.
My guete Maa sait als, är kenn e Liedli singe,
bi miir wäärd nit emool e Spanier waarm.
s isch wohr, s git nit graad vyyl, wo mi in d Hitz kaa bringe,
my Maa kaa s nit, so gäärn er s wott, dä aarm…
        I frier so lyycht,
        i haa so sälte waarm!
        Isch s Klima z fyycht,
        lyt s an mym kiehle Charme?
        Kunnt s ächtsch dervo,
        wil nie is s Häärz verlier?
        Was waiss i scho,
        e isch mer wurscht. I frier.

Mer sinn bis no Aegypten und de Pyramide
mit Frind uff d Summer-Rais im letschte Johr.
Dert ääne, wo s die maischte kuum vor Hitz verlyyde,
kumm i mer sälber gaar nit hitzig voor.
Es losst mi kiehl, im haisse Sand go ummeglungge.
I bi zuer Sphinx und ha si gfrogt, was due,
es syg mer numme wohl im Belz und in de Fungge.
Nyt het si gsait, gaar nyt, die dummi Kueh!
        I frier so lyycht,
        i haa so sälte waarm!
        Isch s Klima z fyycht,
        lyt s an mym kiehle Charme?
        Kunnt s ächtsch dervo,
        wil nie is s Häärz verlier.
        Was waiss i scho,
        es isch mer wurscht. I frier.

Ganz under uns: aimool im Johr nimmt s mi doch dryy no!
Kunnt z Baasel d Faasnacht, kumm au yych in Schwung.
My Maa fahrt Ski, ych gang an Massgi ins Casino,
als alti Dante, aber schregglig jung.
I stand am keltschte Moorgestraich am Seibi unde,
lauff säälig hinden an de Clique mit,
due zoobe hitzig intrigiere Stund um Stunde...
Wäär hätt das dänggt! Gäll du, de kensch mi nit!
        I kumm in d Hitz
        und haan uff aimool waarm!
        I bi voll Witz
        voll Entrain, Fraid und Charme.
        s kaa sy, das hit
        i s Häärz verlier, wär waiss...
        s isch wurscht. Was witt,
        jetz haan i äntlig haiss!

Isch d Faasnachtsheerligkait no drei Daag ummegange,
so kiehl i fryylig wider ab, s goht gschwind.
Es blybt vilicht uff s näggscht Johr non e lyyslig Blange,
sunscht lääb i braav am Schäärme vor em Wind.
Gang an Familiedaag und schwätz vo alte Meebel,
verdraag kai Duurzuug und kai groobe Buff,
liis zoobe Thomas Mann und Johann Peter Heebel...
das isch so haimelig und regt nit uff.
        I frier so lyycht,
        i haa so sälte waarm.
        Isch s Klima z fyycht,
        lyt s an mym kiehle Charme?
        Kunnt s ächtsch dervo,
        wil nie i s Häärz verlier.
        Was waiss i scho,
        es isch mer wurscht, i frier.

Wenn ich ein Fremdenführer wäre

In Basel Fremde zu verführen,
besonders aus der lieben Schweiz,
und ihren Neid ein wenig schüren,
hat seinen ganz besondern Reiz.
Vom Rathaus bis zum Affenfelsen
führ' ich durch Basel kreuz und quer
und käm' mir vor als kleiner Nelson,
wenn ich ein Fremdenführer wär'.

Am stillen Münsterplatz sich laben,
seit sich kein Auto dort mehr staut,
dann durch die schöne Altstadt traben,
soweit man sie nicht grad verbaut,
zur Wohnbaukolonie der Dalben,
zum Strassburgdenkmal breit und hehr…
so zeigt' ich Basel allethalben,
wenn ich ein Fremdenführer wär'.

Auch Basler würde ich verleiten
zu einem Schwatz mit feiner List,
damit die Fremden nie bestreiten,
wie flink die Beppizunge ist.
Das Tinguelysche Spritz-Gefunkel
zu übersehen, wär' nicht fair,
zum guten Schluss ein Warteck dunkel…
wenn ich ein Fremdenführer wär'.

Dagegen würd' ich nicht lang rasten
beim Loch der Kasse unserer Stadt,
auch nicht beim Bürgerspittel-Kasten,
der doch zu wenig Betten hat.
Der Kunstkredit – es wär' gelogen –
macht Basel auch nicht immer Ehr'.
Da nähm' ich manchmal einen Bogen,
wenn ich ein Fremdenführer wär'.

Mag sein, mein Eifer würd' erkalten.
Die Fremden sind im Grund mir gleich.
Das Schönste möcht' ich selbst behalten,
den Rhein, die Pfalz, den Morgenstreich.
Ich käm' mir selber in die Quere
und ständ' den Fremden vor der Sicht,
wenn ich ein Fremdenführer wäre...
Nun – Gott sei Dank – ich bin es nicht.

Kleiner Dank an den Basler Stadtgärtner

Nun duftet's allerorten wieder
nach Maienglöckchen und nach Flieder.
Vorbei ist's mit dem kalten März!
Und jedes noch so trüb' Gemüte
erfreut sich heut' an einer Blüte,
und wär' es gar ein «Frauenherz».

Die Stadt, sonst grau und staubbeflissen,
strahlt jetzt von Primeln und Narzissen.
Man schaut sich fast die Augen aus.
Ein süsser Duft umschwebt die Nasen.
Am liebsten nähme man in Vasen
die Blumenbeete mit nach Haus.

Zum ersten Mal darf ich beteuern:
das Geld, mit dem wir reichlich steuern,
wird so verbraucht, wie's gern ich seh.
Die Mädchen sind nicht leicht zu hüten;
denn abends ist im Duft der Blüten
das Liebeln schöner noch als je.

Doch wie, wenn das, was ich gedichtet,
an einen Gärtnersmann sich richtet,
der nur in Aktendeckeln denkt?
Mag er auch hinterm Pültchen kleben,
heut' sei ihm dankbar und ergeben
die kleine «Pensée» hier geschenkt.

Am Schalter 13 b

Herr Johann Jakob Säuerlich
thront hinter seinem Pult,
setzt Grünspan an – wer wundert sich –
und zeigt ein selbstbewusstes Ich
und nicht sehr viel Geduld.

An seinem Schalter wird regiert.
Das Publikum spürt's längst.
Er ist so dürr, dass es uns friert,
und bleibt, bis man ihn pensioniert,
ein Paragraphen-Hengst.

Er ist von Herzen Etatist,
der Staat ist sein Idol.
Erst wenn die Steuer alles frisst
und auch der Arzt Beamter ist,
dann wird's ihm richtig wohl.

So dient er staubig und steril
alltäglich seinem Zweck.
Dazwischen denkt er nicht zuviel
und nagt an seinem Federkiel.
Punkt fünf legt er ihn weg.

Er lebte – heisst's im Nekrolog –
zu seiner Heimat Nutz.
Doch wer mit ihm Bekanntschaft pflog,
der weiss: er starb als böser Kog
und echter Nyydibutz.

Däämli und Däärtli

Es git bi uns e gwiisi Soorte Däämli,
zue dääne gheere – wie zuem Bild e Rähmli –
e Tea-Room, Muusig und e Vermicelle.
S mache jeede Daag in d Stadt e Fährtli
und dräffe d Frindyn bi de beschte Däärtli
vo drei bis fimfi fir e Schwätzduell.

Me gseht si stolz in Tea-Room yyneschwääbe,
als gääb s nyt anders z due im lange Lääbe.
«Dy Hietli, Rita, nai, s isch e Gidicht!»
Si bsinne lang sich, was si ässe solle,
zwai Eclairs oder drei, vier Schoggirolle
und leege gscheiti Runzlen in ihr Gsicht.

No gschwind e Moohrekopf! Und fir e Wyyli
gehn wien e Wasserfall die baide Myyli.
Me schwätzt vo allem, wo dur s Hirnli schiesst:
vom Wintersport und vom Rezäpt fir Nierli,
vom Jazzkonzäärt und vo der Schaidig Stierli
und dass d Frau Gnopf d Frau Gnepfli nimme griesst.

Giduldig in sym Egge waartet s Hindli,
me luegt uff d Uhr erscht non em zwaite Stindli.
«So spoot! I mues zuem Coiffeur uff der Stell.»
Und d Strooss ab gehn die baide Oofekiechli.
Was hänn si scho von ihrem Tea-Room-Bsiechli?
Nyt als e Kepfli voll vo... Vermicelles.

Zwai gueti Basler, wo nimme doo sinn

Toast fir der Niggi Steggli
(Zuem Aadängge an der Kunschtmooler Niklaus Stoecklin)

Wenn i mi männgmool froog: was gfallt der
so guet an Baasel?, waiss i s gschwind.
Vo hitte bis ins Mittelalter
sinn d Mooler unsri beschte Frind.
Mer hänn der Holbai und der Beggli,
me hänn der Witz, mer hänn der Steggli.

Myseel, i wisst nit, was mer mieche,
wenn s nit der Niggi Steggli gäbt.
Es kunnt mer vor, dä Brinz us Rieche
mool gnau das, won im Baasler läbt.
Drum goht au ab wie frischi Weggli,
was us der Wärggstatt kunnt vom Steggli.

Aegypte, guet, d Tessiner Sunne,
Paris, au das mues syy, dasch wohr;
s git ainewääg e Fischmäärtbrunne
und d Rhyygass 1 und s Spaaledoor.
En alte Blatz, e gnufflig Eggli...
De findsch dy Stadt bim Niggi Steggli.

Und zmitts im Moos vom Wald, im fyychte,
e Salamander, glitschig-nass,
und d Wiehnachtskuugele, wo lyychte,
und s Buebeziigli in der Gass.
E glaine Goof im Sunntigsreggli...
Wie weenig und wie vyyl, Herr Steggli!

Wär soo sich frait am Unschyynbaare,
an däm, wo blieht, wo s niemerts gseht,
dä bruucht nit Drummlen und Fanfaare,
dä isch als Mooler e Poeet.
Und wär s nit gspyyrt und meerggt, dä schigg i
in d Lehr ins Atelier vom Niggi.

Kumm, nimm dä glai poeetisch Maie!
I waiss, s isch nit vyl Bsunders draa.
E Zaiche syg s, dass mir is fraie,
in däm Sinn stooss i mit Dir aa.
Und wenn my Glaas glingt wien e Gleggli,
so syg s zuem Wohl vom Niggi Steggli!

Der Dänggmoolpflääger

(Zuem Aadängge an der Dinge-Dinge, der Dr. Rudolf
Riggenbach)

I haan en hit im gääche Gässli droffe,
deert, wo kai Auto pfupft und niemerts rennt.
Dieff in Gidanggen isch er duure gloffe.
I haan en griesst. Er het mi fascht nit kennt.

Der Huet isch nit graad no der neischte Moode,
d Grawatte meh verrumpflet als apaart.
E kuurze Mantel, wyt ewägg vom Boode,
e schwaarze Stumpe zmitts im graue Baart.

E bitzli mues i lache, und dernääbe
frait mi dä Heer, wo do dur s Gässli stygt;
fascht schon e Dänggmool, aber voller Lääbe,
e Haimetschutz, wo fir sich sälber zygt.

I drill vergniegt mi um und gseh: am Egge
zuem glaine Baizli länggt er jetz sy Schritt,
vilicht, wil s ix e Helge nei z entdegge,
vilicht, wil s aifach guete Fendant git.

Es kunnt mer voor, die alte Hyyser luege
fascht frintlig aabe, und vo Dach zue Dach
knaart s lyyslig in de Ritze und de Fuege:
Kumm lueg, do unde laufft der Riggebach!»

65

Du bisch, my Baasel, wiirgglig nit z biglaage,
solang bidächtig är dur d Gasse goht
und wien e guete Schutzgaischt soozuesaage
vor jeedes dinge-dinge-Dänggmool stoht.

Syg froh, dass är zue dyne Muure, Briggli
und alte Hyyser Soorg und Achtig git,
und gib zuem Dangg em, won er goht, e Stiggli
vom allerblauschte Altstadt-Himmel mit!

Der alt Gäärtner

Fir der Ruedi Walter

Als Gäärtner bsoorg i bim Heer Dr. Vischer
(mit V) sy Gaarte scho syt männgem Johr.
E scheene stille Gaarte – oder isch er
scho fascht e Pargg? – so kunnt er mir als voor
mit synen alte Baim und wyte Matte,
mit Gaartelauben und Orangerie,
mit Wasserspiil, mit Bluemen und Rabatte
und mit em Bligg wyt iibere zuem Rhy.

Wenn d Zircher gäärn uff ihre Gäldsegg sitze,
versteggt der Basler syni Schetz persee.
Im Huus vo s Vischers gsehsch e Cézanne blitze,
Und in der Entrée hängt vilicht e Klee.
Und au der Gaarte muesch e bitzli sueche.
Grad hinderm Huus e wyte Blatz mit Kiis,
und noochhäär eerscht, im Schutz vo braite Bueche,
scho fascht versteggt, my Gaarte-Paradyys.

Der Huusheer kunnt als, wenn i schaff, go mueme,
e Gentleman, e gscheiten alte Maa.
I zaig em myni allerscheenschte Blueme
und saag au, was i gäärn wott anderscht haa.
Er loost giduldig sich my langi Reed aa,
sait dno «s isch rächt so, Ruedi, wien är s macht»
und frait sich – graad wien ych – an de Reseeda
und wenn d Gladioole bliehje iber Nacht.

Emool wird s lut. Wäär wuurd so eppis ahne!
Familiedaag – jetz kunnt der Vischer-Clan!
Und alles sitzt bim Tee uff der Altaane
vom Heer Brofässer bis zuem Bonvivant.
Verbyy isch s mit der Rueh und mit der Stilli.
Me schnääderet, sovyyl me kaa und maag.
Wie d Ciba-Aktie stehn, verzellt der Willi
und s Emmi – s dritt Mool – vo der Rais uff Prag.

Zwor steert mi dä Familiedaag nit wyter.
Nur aimool heer i, wien e Junge sait,
e soone Gaarte syg im Grund doch schyter,
als Bauland aber wäär s e Gläägehait.
Dno lauft s mer kalt der Rugge hinden aabe.
Was soll i denn no schaffe, gopfridstutz!
Wenn jetz uffs Mool e Bagger käämt go graabe,
wäär s – aimool wiider – s Änd vom Haimetschutz.

Und doch, kai Angscht! Au wenn mer fir d Rendyte
e stilli Liebi hänn in unserm Land,
so gschwind kunnt doch der Deifel nit go ryte,
und alti Baim hänn jon e guete Stand.
Si heebe fescht und lehn sich nit verdryybe,
und daas soll au bi miir nit anderscht syy.
I gang nit fuurt und wott my Läbtig blyybe,
wo d Haimed isch: im Gaarten iberm Rhyy.

Mir längt s

Fir der Walter Morath

Mit em Gäärnli Flaisch und Gmies go kauffe,
schliesslig gheert au das zuem Jungsell-Syy,
Gnepf aanaihe und in Konsi lauffe
und, wil s Samschtig isch, e Scheppli Wyy.
Vor em Sunntig glett i no my Hätzle
und mach Kassestuurz, do nimm i s gnau.
Sollen andri ihri Coupons schnätzle,
i bi zfriide mit der AHV.
Mir längt s.

Fryylig, groossi Gimp kaan i nit mache.
S goht uff s Land, wenn i in d Feerie staart,
aber jeede Hooger, jeede Grache
isch fir mi deert en Entdeggisfahrt.
Wyt in Weschte raisen oder Oschte?
Das sinn doch fir mi nur dummi Draim.
Abgseh, dass es sicher z vyl wuurd koschte,
i bi schliesslig in der Schwyz dehaim.
Mir längt s.

My Quartier bruucht Blatz fir Autobahne.
Me rysst ab. My wunzig Huus am Stutz
stoht jetz zwische lääre Wänd und Kraane
wien e Stigg verdätschte Haimetschutz.
Deert no wyter wohne, wott nit Jeedes.
Und wenn i dur d Gasse lauff elai,
spritzt em Muurermaischter sy Mercedes
mir der Stroossedrägg an d Hoosebai.
Mir längt s.

Wenn die Groosse wichtig dien und schreie,
schloot s mer uff der Maagen und uff d Seel.
Hätt i Fraid an Bonzen und Parteie,
wäär i lengscht scho wyter, ych Kameel.
Aber wenn e soone Gschwälli gytig,
vo aim Ämtli in e heechers waxt,
und i lääse mues in jeder Zytig,
was er schwaaflet, hueschtet, schwätzt und gaxt...
Mir längt s.

Fir my Neveu isch my Lääbeshaltig
nyt als Spoorepeeterei und Spleen.
Är wird ryych mit syner Trust-Verwaltig
und baut Raihehyyser im Tessin.
D Frau dehaim und usswäärts ix e Myysli,
Auto, Weekänd, Fäärnseh, Yacht, dasch glaar,
e Picasso-Zaichnig uff em Hyysli
und e ächti Louis-Quatorze-Baar.
Mir längt das nit.

Gseht me denn im Fäärnseh wiirgglig wyter?
Foot nit d Wält scho vor der Diiren aa?
Isch denn Schritt-fir-Schritt-goh numme schyter?
Mues me lääbe wien e Hampelmaa?
Zfriidehait isch nit so aifach z lehre,
und doch bringt au si aim e Profit.
Aber wäär wott hit so eppis heere?
Längt s bis zuen eich aane, liebi Lyt?
Längt s?

Baasler Feschtdääg

Voogel Gryff

(mit Glaibaasler Auge gseh)

D Gryffegass isch in Ekstaase,
und der Wirt im «Spitz» gseht root.
Us em Schuelhuus uuse raase
d Buebe graad wie jungi Haase.
Dasch e Läärmen und Gipfyff...
Voogel Gryff, Voogel Gryff!

D Drummle drehne, wenn si danze,
dass s der fascht der Kopf versprängt.
Und de mechtsch di gäärn verschanze
hinderm Schugger und sym Ranze,
wenn der Hääre s Dännli schwingt.
Heb kai Angscht und due nit styff!
Voogel Gryff, Voogel Gryff!

Waisch nit rächt, was s soll bidytte
s Lied, wo dir um d Ohre gällt.
Drummelglang us alte Zyte,
Zauberdier, wo um di schryte,
faarbig-ghaimnisvolli Wält.
Langsam wirsch fir d Faasnacht ryff...
Voogel Gryff, Voogel Gryff!

Voogel Gryff

(mit Groossbaasler Auge gseh)

So leend si doch ihr Feschtli fyyre,
d Glaibaasler äänedraa vom Bach!
Si wänn jo doch, dass mir mien gspyyre
im Feschtkaläänder d Ouverture
syg z Baasel nummen ihri Sach.

So leend si doch mit Beller schiesse,
wenn si dä Läärme wirgglig frait!
Mer wisse jo, wie sehr si s gniesse,
wenn d Ehredier s Glaibaasel griesse
und wenn men uns der Rugge draiht.

Mir leen is drotzdäm nit verschyyche
und sinn derby mit Häärz und Kopf.
Mer fyre mit, dien nit derglyyche
und gänn, wenn d Ueli ummeschlyyche,
gäärn unsre scheenschte Hoosegnopf.

74

Der Sunntig voor der Faasnacht

Stygsch am Moorge frieh in d Hoose,
gspyyrsch, hit isch e bsundre Daag.
Haiggel bisch wien e Mimoose,
s Häärz duet wien e Duubeschlaag.
Gohsch voruuse? Blybsch hit dinne?
Nyt meh waisch, es isch kurioos.
Beppi, bruuchsch di nit lang z bsinne:
moorn isch Faasnacht, moorn goht s loos.

Zähmool glopfsch an Baaromeeter,
zähmool heersch der Wätterbricht,
schliesslig frogsch der Unggle Peeter:
«Git s hit Fehn? Was macht dy Gicht?»
Het s der Himmel ächtsch bigriffe?
D Zytig schrybt, s syg scheen z Davos;
sofort dänggsch, deert soll s doch schiffe,
doo bruucht s Sunne, doo goht s loos.

Zwischeduure gohsch in Käller,
iebsch e Sammlig Drummelmärsch.
D Daagwach rollt, es giengt nit schnäller.
Häärz, was wottsch meh, was bigährsch!
D Kinder sitze lengscht am Ässe,
d Mamme duet scho rigoroos;
du hesch alles glatt vergässe.
Moorn isch Faasnacht, moorn goht s loos.

Fuurt mit alle Pessimischte!
Bletzlig wiirsch vor Schrägge blaich.
Haidebritsch! An d Faasnachtskischte!
s Goschdym fir der Moorgestraich!
Sueche, niele und brobiere…
Doo dä Waggis sitzt famoos.
Jetz no d Laarve gschwind laggiere.
Waart nit lenger, moorn goht s loos.

Frieh ins Näscht und ohni z brumme.
Zyt, dass du der Kopf zuemachsch.
Stell drei Wegger um di umme,
dass de joo zuer Zyt verwachsch.
Isch der Schlooff au kuurz und luusig,
lyysch halt doch em Gligg im Schooss;
denn dur d Draim do glingt s wie Muusig:
Moorn isch Faasnacht, moorn goht s loos!

S isch wider Zyt

S isch wider Zyt go d Laarve kauffe,
sich d Waggishoose glette loo
und zoobe spoot dur d Gässli lauffe,
de Drummlen und de Pfyffe noo.

S isch wider Zyt go d Zunge schlyffe
bim Schneeden und am Piccolo
und sich sy aige Väärsli pfyffe
uf alles, wo nit comme-il-faut.

S isch wider Zyt go Räppli schmaisse,
zwai Noomidääg ans Drottoir stoh
und bi der Suppe, bi der haisse,
der Moorgestraich versuure loo.

S isch wider Zyt fir d Ziriheegel,
im Äxtraazug uff Baasel z koo
und sich vo unsre Drummelschleegel
der Taggt, wo ihne fählt, lo schloo.

S isch wider Zyt fir s Faasnachtsgwimmel,
fir Faarbe, Muusig, Melodyy
und fir der Gump in sibte Himmel...
S isch wider Zyt, e Baasler z syy!

Äntlig wider Moorgestraich

Vor de Dreie us der Glappe.
Gschwind e Kaffi, wil me friert.
und e Cognac fir der Bappe!
Mach jetz, dass men abmarschiert.
iibernächtig bisch und blaich…
Äntlig wider Moorgestraich!

Stohsch im Gässli, ääneduure
gsehsch dur d Nacht d Ladäärne koo.
Naimen iebt e Waggis d Schnuure;
alles streggt der Hals dernoo,
ob er au die Rächte braich.
Äntlig wider Moorgestraich!

Und de heersch si pfyffe, drummle,
dass s aim bis in d Zeeche frait.
Jetz muesch druggen und di dummle,
sunscht verfählsch die Heerligkait.
Griegsch au Biff und Dritt und Spaich,
äntlig wider Moorgestraich!

s bruucht e freschtlig Moorgeliftli,
bis i langsam haimzue stampf.
Us de Baize strycht e Diftli,
Laarvelagg und Suppedampf.
s Häärz isch gligglig, d Gnei sinn waich…
Äntlig wider Moorgestraich!

Am Vieri uff em Määrt

Scho sinn der d Zeeche fascht verfroore,
der Kopf isch mied und hohl der Buuch.
Der Moorge stryycht der kalt um d Ohre.
Me druggt di wien en alte Schluuch.
Und doch stohsch säälig und vergläärt
am Vieri uff em Määrt.

Bis dno uff s Mool ins Dunggel yyne
der Gloggeschlaag vom Roothuus fallt
und linggs und rächts wien e Lawyyne
der Drummelglang dur d Gasse schallt.
Gäll, waisch es wiider, s isch derwäärt
am Vieri uff em Määrt.

D Ladäärne kemme! Jetz kaasch schwelge;
und wenn de nit e Duubel bisch,
so meerggsch e bitzli an de Helge,
wär hit uff d Rolle gschooben isch.
D Regierig het scho langi Bäärt
am Vieri uff em Määrt.

Loss dyni Frind in d Feerie fahre
mit Kinder, Auto, Hund und Ski!
Du bisch der syt Johrzäht im glaare:
men isch am Moorgestraich derbyy.
Dää isch und blybt halt s scheenscht Konzäärt
am Vieri uff em Määrt.

Buebeziigli am Moorgestraich

Drei Drummlen und zwai Piccolo
und nimme vyyl derbyy,
so gseht me si dur s Gässli koo,
so ziehn si d Stadt duryy.

Si hänn sich d Laarve sälber gmoolt,
vo gääl bis veielett,
und d Mamme het vom Eschtrig ghoolt,
was si an Fätze het.

S isch wiirgglig nit vyl Bsunders draa,
d Lyt luege kuum, was wottsch!
Der Joggi het e Waggis aa,
der Fritz e Buuredotsch.

S Ladäärnli het kai Kinschtler gmacht,
s het doo und deert e Bugg.
Si draage s ainewääg dur d Nacht,
als syg s e Maischterstugg.

E Junteressli gumpt voruus,
s het Mieh, s wird fascht verdruggt.
Am Egge scho, bim näggschte Huus
het s d Dunggelhait verschluggt.

Drei Drummle und zwai Piccolo...
Und doch! Uff Schritt und Dritt
lauft voornedraa und hindenoo
die alti Faasnacht mit.

Hinder der Laarve

Isch au s Goschdyym voll vo Schaabe,
laufft der s Wasser innen aabe,
sitzt au d Laarve schlächt und druggt,
kaasch au in der Baiz, der haisse,
fascht nit us den Auge gnaisse,
fraisch di drotzdäm wie verruggt.

Was di bysst, isch glyy vergässe.
Lang gnueg bisch im Gaggoo gsässe;
jetz kunnt d Faasnacht wider draa,
wo me hinder syner Laarve
mit em Stimmli wien e Haarfe
jeedem alles saage kaa.

Äntlig kaasch em Max ain zinde.
Alli syni vyle Sinde
griegt er uff sy Suppeschlitz:
«Du, wo duesch, als syygsch der Näppi,
bisch jo drotz dym Gold am Käppi
nur e miede Gschäftlifritz!»

Äntlig driffsch emool der Guschti.
Lueg doch, wie dä Oobergluschti
blaich wird und sich schämmt wie lätz,
wenn de saisch, sy gmoolti Gryte
haig jo scho syt lange Zyte
nääben ihm zäh andri Schätz.

Au em Fritz gisch ain uff d Glatze,
bis em syni Sogge blatze
und er fascht im Hemmli stoht.
«Kumm, vergiss emool dy Poose!
Soone Gaischtig-Obdachloose
git s jo kuum im Groosse Root!»

Äntlig kaasch em Ruth verzelle,
was de lengscht hesch saage welle:
«Du bisch doch der syydigscht Goof!»
Nyt meh bruuchsch jetz aabezschlugge,
daarfsch si au e bitzli drugge
noochhäär bim verliebte Schwoof.

Soo bringsch hinder dyner Laarve
bald e Schieffe, bald e Schaarfe.
Jeede Spruch isch hit tabu.
Niemerts daarf go nyydig gnuure;
denn die rächte Baasler Schnuure
hänn drei Daag e Passe-partout.

Gäll, de kennsch mit nit!

Kumm, bhalt dy Laarve doch no aa
und lauff mer nit dervoo,
dass i no lenger roote kaa,
bivoor s wott Zwelfi schloo.

E Stund lang hesch mi intrigiert,
und was de saisch, das sitzt.
Derzue hänn d Augen ungeniert
zuer Laarven uuse blitzt.

E Huuch vo Parfum waiht mi aa,
so fyyn wie Pfäfferminz.
I kumm mer vor als Hampelmaa
und au als Määrlibrinz.

Du zauberhaft und syydig Gmisch
us Maitli und us Frau,
i wott nit wisse, wär du bisch,
wil i em Gligg nit drau.

Kai Rääf bisch zwoor, i meergg s der aa,
du jung und frehlig Bluet,
und drotzdäm kenntsch e Naase haa,
wo s yyne räägne duet.

I waiss nit, zaigsch mer jetz dy Gsicht,
was fir e Loos i zieh...
Herjee! Was mach i fir e Gschicht,
was soll das Wenn und Wie!

So loss, du Grott, denn d Laarve syy.
Wie s kunnt, so mues is näh.
Es wird in dääre Lotteryy
gwiis au e Drooschtbryys gää.

Kehruus

Uus isch s mit em Pfyffe, Drummle,
uus mit aller Sääligkait,
und im Kopf e lyyslig Brummle
isch no s ainzig, wo mi frait.
D Stimm isch haiser, daig sinn d Gliider.
Aadie Faasnacht, s näggscht Johr wiider!

Jetz daarfsch nimmen intrigiere,
wird s der au e bitzli schwäär.
s fählti no, sich uffgozfiehre,
wie wenn s ganz Johr Faasnacht wäär.
Z Baasel isch me braav und biider.
Aadie Faasnacht, s näggscht Johr wiider!

Aadie, nuggisch Masggi-Hääsli!
Griegsch mi ächtsch e zwait Mool draa?
An dym schreege Laarve-Nääsli
zaablet gwiis no männge Maa.
Fräch blitzt s dur die gmoolte Liider...
Aadie du, und s näggscht Johr wiider!

Mues men au zwelf Monet faschte,
aimool goht s jo doch verbyy.
D Laarve wider us em Kaschte!
Und die graui Stadt am Rhyy
zaigt drei Daag ihr faarbigscht Gfiider.
Aadie Faasnacht, s näggscht Johr wiider!

S Gimmeli het Schuelschlussfyyr

(syynerzyt no in der Maartiskirche)

D Buebe sitzen in de Sunntigs-Gliftli,
d Maturande sinn im schwaarze Glaid,
und um d Syyle waiht e griechisch Liftli,
zwischeduure gspyyrsch e Schuelhuus-Diftli...
Fyyrlig isch s und doch voll Feeriefraid.

Frisch dur d Kiirche singe jetz d Elyte.
Was der Reedner sait, het Foorm und Ghalt,
längt der Bligg bis in antiggi Wyte.
Scheen, dass hit uff unsri dunggle Zyte
non e Strahl vom alte Hellas fallt.

Jungi Mentsche stehn am Door zuem Lääbe.
Wisst me doch, was s Schiggsaal aim bistimmt!
D Wält isch voller Hindernis und Grääbe,
aber d Mieh isch sicher nit vergääbe,
wenn me vo den Alte d Waffe nimmt.

D Fyyr isch uus. Jetz haisst s dry yyne gumpe,
zmitts ins Nei, s foot moorn vilicht scho aa.
Deert dä Maturand losst sich nit lumpe,
steggt in s Buebegsicht sy erschte Stumpe:
«Gsehsch, Herr Lehrer, jetz bin i e Maa!»

Passioons-Konzäärt

Du glaine Mentsch, was wottsch mit dyne Soorge!
Gspyyrsch nit, wien alle Kummer vo der fallt.
Im wyte, dunggle Minschter bisch giboorge,
en ander Ryych nimmt jetz di in sy Gwalt.

So loss der s denn in dääne Stunde saage.
Dur d Kirche schwäbt der erscht und hailig Doon,
und vor dym Gaischt, im Singen und im Glaage,
erstoht die wunderbaari Gschicht, d Passioon.

E Gschicht vom Lyyde und vo stiller Demuet,
wo doch e ganzi Wält verwandle kaa,
e Muusig, wo dur alli Druur und Wehmuet
häll lychtet «soli deo gloria».

Still sitze d Lyt im Choor und uff de Stääge.
Und männgmool gsehsch, wien aine d Stirne sänggt;
er gspyyrt vilicht en Ahnig vo däm Sääge,
wo wien e Liecht die Stund uns Mentsche schänggt.

Der letscht Choraal, der letscht Akkoord isch gsunge,
de stohsch am Door und luegsch in d Stäärnenacht.
Dieff in der läbt, was dur dy Häärz het glunge,
und nie meh stirbt, was hit in dir verwacht.

Muschtermäss-Mischmasch

Sait der Bäärner zue sym Haidi:
«Chumm, mer wei uff Basel gaa!»
Und scho leegen alli baidi
d Dracht und s Hiirtehemmli aa.
Dryssig Halle sinn entschiide
meh en Aarbed als e Gspass.
Zoobe driffsch si mied und zfriide
bi der Rööschti u bim Jass.

Sait der Gänfer zue sym Lily:
«Viens, chérie, on va à Bâle!»
Zmitts in Läärme, nyt vo Stilli,
vyl Bitrib isch ideaal.
s Lääbe gniesse, ummeschwanze,
nyt verbasse, wo aim frait,
und am Oobe no go danze
und e Muulvoll «Bâle by night».

Sait der Ziircher zue der Rita:
«Hoppla loos, a d Mäss am Rhyy!»
s ganz Johr goht en Baasel nyt aa,
aimool kaas jo schliesslig syy.
Mit em Buick durs Stedtli suuse
(«chaiben äng» isch d Wettstaibrugg)
und im Schnällgang wider uuse,
meegligscht gschwind in d Groossstadt zrugg.

Sait der Baasler zue sym Schätzli:
«Kumm, me wänn in d Feerie goh!»
s git myseel bi uns kai Blätzli,
wottsch dy aige Woort verstoh.
Gänn sich d Schwyz und dausig Schwoobe
hitte z Baasel Rendez-vous,
simmer erscht am Zyschtig zoobe
äntlig wider «entre nous».

s deerft fir dismool wider glängt haa.
Alli Dääg wott i s nit gschänggt haa,
soone Stadt voll Läärm und Grach.
Autocars und Fäärnsehwääge
fascht versufft im fremde Sääge
Baasel rächts und linggs vom Bach.

In der Stadt kunnsch niene duure,
alles schwätzt mit fremde Schnuure,
d Fahne lampen aim ins Muul.
Wo findsch aigedlig no Schäärme
vor den Auto, vor em Läärme?
Jeede zäpft, und duu wirsch fuul.

In der Baiz waartsch e Semeschter
uff en Entrecôte vo geschter.
Vor de Kino stoht me Schlang.
Nyt waiss d Zytig als Regglaame,
zoobe blinzle fremdi Daame,
alles goht uff Kundefang.

Wil si z vyl Veltliner tangge,
gseht me d Schwyzer ummeschwangge.
Männge frogt, isch s hit, isch s moorn?
Wottsch du sälber frieh in d Glappe,
nyt isch! Zerscht muesch ain go schnappe
mit em Bsuech us Romanshoorn.

Gäll, Ihr wäärde s alli gspyyre?
Scheen isch s, wider Feschtli fyyre
ohni Fremdi und Kongräss:
Faasnacht, Stammdisch, Gryffemehli…
Baasel, roll der Stai vor d Hehli!
s näggscht Johr wiider, aadie Mäss!

88

Heebel-Daag

Du lieben alte Heer, s isch wider Maie,
und wär di gäärn het, waiss, wohii s en zieht.
Wie sott me sich in dääre Zyt nit fraie,
wo ringsum s Land zue Dynen Ehre blieht!
Im Bluescht vom Daag, am Ooben in de Schatte
und underm Stäärnehimmel bisch is nooch,
und won e Bächli ruscht dur Bluememmatte,
glingt lyyslig mit Dy stilli Dichtersprooch.

Du lieben alte Heer, bisch mit mer gange,
syt d Mueter Dyni Väärs mer het verzellt,
und männgmool hesch in Soorge, Fraid und Blange
als guete Gaischt Di zue mer aane gstellt.
Wie fescht bisch doch mit myner Stadt verwoobe!
Was s haisst, e Haimed z haa, hesch Du mer gsait.
Und wird s emoole bi mer still und Oobe,
e Diirli zaigt Dy Lied zuer Eewigkait.

Gspyyrsch ächtsch, was i im Väärs Dir gäärn mecht saage?
I waiss nit, wo der Muet derfir i nimm.
In Dyner Neechi miest i jo verzaage.
Und doch! Hit findet Gheer e jeedi Stimm,
wo us der Fraid im Häärz zue Dym Gidängge
e Looblied singt, so guet si s aifach kaa.
Meh kaan au ych Dir zue Dym Daag nit schängge.
Du lieben alte Heer, nimm s gnäädig aa!

Am Heebel-Mehli in Huuse

Gruess an die alte Manne

Wenn jeedes Johr zue Eich, Ihr lieben Alte,
e Heebelfrind us Baasel eppis sait,
so goht s nit drum, e Traditioon z erhalte;
nai, s gscheht ganz aifach, wil s is zinnerscht frait,
Eich, Huusener, im Gaischt vom Dichter z griesse
us sym Gibuurtsoort äänedraa am Rhyy
und mit Eich zämme zmitts im Maie z gniesse
e gmietlig Stindli und e Schoppe Wyy.

Ihr sinn jo doch – wär wott denn das verschwyyge –
der Mittelpunggt von unserm glaine Mohl.
Die Andre meege groossi Reede byyge;
dass Ihr derbyy sinn, isch erscht s rächt Symbol.
Het nit der Heebel in sym letschte Wille
an syni alte Buurger z Huuse dänggt
und hätt so gäärn sy Gäld fir Eich im stille,
wenn s nit der Deifel vorhäär ghoolt hätt, gschänggt?

So stehn dä Drungg, wo mir Eich hit gredäänze,
und unser Mohl im Heebel syner Huet,
und gsehn mer jetz, wie Eiri Auge gläänze,
so schmeggt der Wyy uns graad wie Eich so guet.
Nit numme dinne isch das Fescht z bigryffe,
s ganz Wiisedaal isch wien e deggte Disch,
das Daal, wo «d Veegel ooberländisch» pfyffe
und «jeede Spatz e halbe Pfaarer isch».

Zwor männgs isch anderscht woorden in de Johre,
und anderscht isch rings um is umme d Wält,
Wie vyyl het si vom Heebelgaischt verloore!
Me rennt der Zyt hit nooche und em Gäld,
me heert vo alle Syte Griegsdrumpeete,
läbt ainwääg in Glanz und Glooriaa
und bsinnt sich numme, wie me mit Rageete
em Maa im Mond e Bsiechli mache kaa.

Woo besser mit der Unrueh in dir inne
findsch hit dy Schäärme als bi alte Lyt?
Wottsch di uff das, wo s Lääbe wäärt macht, bsinne,
hool deert dy Root und suech nit lang und wyt.
Was laufsch in d Wält go luege und go gaffe?
Das, wo der s Alter lehre kaa, isch guet:
am Sunntig bätte und am Wäärtig schaffe
git aim e zfriide Häärz und frische Muet.

Ihr sinn so wyt und luege zrugg ins Lääbe.
Und isch s au männgmool Miehsaal gsii und Stryt,
Ihr händ s erfahre: gar nyt isch vergääbe,
wenn uff em Huus und Wäärgg der Sääge lyt.
Die letschti Sunne uff de wyte Waide,
im Oofe s Broot und in der Schyyre s Koorn,
der Oobe kunnt mit syne stille Fraide...
Gott bhiet Eich, alti Manne, hit und moorn!

Noon e Heebelsunntig in Huuse

Gruess an die alte Manne

Der Samschtig het zuem Sunntig gsait:
Gang, butz fir moorn di uuse
und kumm mit dyner Haiterkait
ins Heebeldeerfli z Huuse!
Mool d Matte grien, der Himmel blau
und degg der Disch im Sääli
und gib den alte Mannen au
e guete Durscht fir s Mähli!

E Luusbueb het zuem Bappe gsait:
Im Heebel lääse soll i!
Fir waas? s git anders, wo mit frait,
an Match gang i, in Zolli.
Uff dääne Gschichte lyt der Roscht.
Em Heebel syni Psalter
sinn hit graad no die rächti Koscht
fir alti Kimmispalter.

Zuem Luusbueb het der Bappe gsait:
Dir sott me d Kappe wäsche!
Suech hit e Heebel wyt und brait,
är steggt is doch in d Däsche.
Und zue den Alte bass mer uff!
Die sinn no guet im Renne.
Lueg lieber umme, du Kamuff,
was si no laischte kenne.

Der de Gaulle het zuem Konrad gsait:
Fir uns zwai alti Manne
isch Schluss mit der Vergangehait,
mir wänn jetz zämmespanne.
Si pagge s aa und fiehre s z Änd.
So gilt s in männge Frooge:
me daarf au no mit alte Händ
e gueti Aarbed wooge.

Drum, wenn der Baasler z Huuse sait:
griess Gott, Ihr lieben Alte,
dänggt er an daas in Dankbarkait,
won Ihr in Ehre halte:
ans Zämmestoh, ans Zfriidesyy
drotz Soorgen und Bischwäärde
und an die Macht, wo hilft derbyy
hooch iber unsrer Äärde.

So saage mir zuem Heebel hit:
Lueg frintlig uff is aabe,
uff d Juged, oordlig oder nit,
und uff die alte Gnaabe.
Zaig, wie mit Diir in Noot und Gfohr
e Huusfrind mer hänn gwunne,
und schängg is alle Johr fir Johr
Dy Weermi und Dy Sunne!

Feschtspiil-Broobe

Zeerscht sinn s nyt als Mentschehyffe,
Gschwätz und Froogen allibott.
Männge kaa nit rächt bigryffe,
was er in däm Feschtspiil sott.

Und der Schmiidli us der Staine
und der Gängebach vom Määrt
sinn als Ritter – sott me maine –
uff der Bihni nit vyl wäärt.

Aber zmitts im Läärmen inne
stoht der Regisseur voll Rueh.
Sicher, ohni sich lang z bsinne,
wyst er jeedem d Uffgoob zue.

Zaigt und rootet allethalbe,
s kunnt aim vor wie Zauberei,
und der Vischer us der Dalbe
griegt uff aimool Schwung in d Gnei.

Und der Gängebach – lueg aane –
kunnt als Kirchefirscht derhäär,
und der Schmiidli drait der Fahne,
wie wenn moorn Sant Jokeb wär.

Langsam ordnet sich das Grääbel,
d Wälle wäärde wider glatt,
und wien us em lychte Nääbel
hebt sich s Bild vo unsrer Stadt.

Buurgerschaft in Wehr und Waffe,
Flichtlig mit em Bättelsagg,
Zimftler, Buure, Ritter, Pfaffe,
Aidginoss und Armagnak.

Stadt im Glanz, in Fraid, im Bange,
luegsch is aa in neier Gstalt,
Stadt, won alli mir draa hange,
Baasel, Haimed, Schutz und Halt.

Bintelidaag

Schluss jetz mit däm vyle Grampfe!
Äntlig daarfsch in d Feerie dampfe,
isch s nit fascht e Wunder, saag?
Us em Biro-Tscheepli uuse!
Lauffe, baade, jasse, pfuuse...
Frai di, Bappe! Bintelidaag!

Bloog di nimme mit em Koche,
Schaabe jaage, Stuube bloche,
d Koffer paggt und joo kai Glaag!
Bald lysch under kiehli Baimli
in dym scheenschte Feerie-Draimli.
Frai di, Mamme! Bintelidaag!

Zoobe dur der Kuuroort schwanze,
mit em Hotelfrind go danze,
flirten au, sovyyl me maag.
Strandbaad, Tennis, Sässelbähnli,
Liigstuehl und e Kitsch-Romäänli...
Frai di, Maitli! Bintelidaag!

D Schuel isch ais-zwai-drei vergässe,
und kai Lehrer kaa di frässe.
Scheen isch s Lääbe mit aim Schlaag.
Toure mache, Bächli staue,
Eegli fange, Buurge baue...
Frai di, Binggis! Bintelidaag!

Lueg, der Himmel stoht is offe.
Hit blybsch dinne, moorn wird gloffe.
D Wält isch wyt und ohni Haag.
Und im Land voll Milch und Angge
daarfsch jetz Lääbesfraid go tangge...
Frai di, Baasler! Bintelidaag!

Herbstmesse auf dem Barfüsserplatz

Kinderhimmel voller Geigen,
alter Burschen Herrlichkeit.
Zauber, der der Messe eigen,
wer ist gegen ihn gefeit!

Vor dem würdig stummen Kloster
dreht das Riesenrad sich schnell.
Einstens tönten Paternoster,
heute spielt das Karussell.

Fühlst du deinen Bizeps schwellen,
hau' den Lukas, fällt's auch schwer!
Locken dich die Schiessmamsellen,
klöpf' dir einen Teddybär.

«Blaue» Donau schrillt's im Nebel,
Orgelmännermissgetön.
Hier schluckt einer Türkensäbel,
dort verkauft man Luftballön.

Jedem hüpft das Herz im Busen.
Unberührt nur von dem Krach
schwebt Apoll mit seinen Musen
oben am Casino-Dach.

In olympischer Oase
hält er königlichen Staat,
rümpfend kaum die Götternase
ob dem wirren Tonsalat.

Der Oorgelemaa

Am Drottoir sitzt bim Schlissel unde
en Oorgelemännli grumm und blind,
draiht an sym Kaschte scho syt Stunde
im Sunneschyyn, im kiehle Wind.
Und tschättrig deent s der Blatz duryy
in allem Läärme d Melodyy:
   O sole mio!

Wär wott sich hit no doo verwyyle?
E junge Buursch blybt wiirgglig stoh.
Maag sy, die Muusig isch zuem Hyyle,
är frait sich draa, ihn macht si froh.
Er lacht vergniegt, dänggt an sy Schatz
und pfyfft im Wytergoh der Satz:
   O sole mio!

E Fänschter schloot. En alte Gnäggi
verliert am Piltli sy Giduld.
Am liebschte schmaissti är e Gwäggi,
das Liedli isch an allem tschuld!
Der Kopf duet weh, d Bilanz goht grumm,
und allewyl das Dideldum...
   O sole mio!

Blyb, Nyydibutz, im Dunggle sitze!
Es hilft der gaar nyt, wenn de muursch.
Gsehsch d Sunnen iber d d Dächer blitze?
Die macht s doch gnau so wie der Buursch.
Si lacht und nimmt in Gnaaden aa
das tschättrig Lied vom Oorgelemaa:
   O sole mio!

Zauber-Theääterli

Vorusse glaubsch de Wundermäärli,
wo ain mit luter Stimm verzellt.
«Wältsensatioone» het dä Käärli,
so brielt er, uff sy Bihni gstellt.
Bisch dinne uff em haarte Bänggli
und zieht s dur die fyychte Schueh,
so dänggsch, de kenntsch mit dyne Fränggli
am Änd au eppis Gscheiters due.

Au wenn si zeerscht e Frau versääge,
isch s no kai Grund fir d Wänd uff z goh.
Als Kenner saisch der: myynetwääge,
si mues das sicher iberstoh
das Spiil mit Mässer, Bluff und Mystik.
Und scho – au wenn mer s nit verstehn –
isch d Mamme zrugg, intaggt und rischtig
und lacht mit ihre falsche Zehn.

S goht wyter mit Gidangge-Lääse.
Wenn bisch giboore, woo und wie?
D Miss Fatima, en alte Bääse
het mit däm Metier ehnter Mieh.
Si kunnt au aaben und laufft umme
mit Horoskoop, wo nyt draa stimmt,
und hofft vergääben uff e Dumme,
won ihre Kaabis glaubt und nimmt.

Als Magier kunnt e Pseudo-Inder,
e Durbaan iberm Schwoobegsicht
und macht mit Wasser und Zylinder
e zimlig nassi Zaubergschicht.
Druff aabe speit er Fyr an d Bihni,
das bringt aim au nit us der Rueh.
Zuem Schluss, e Mogge Ruess am Kiini,
zieht er gottloob der Vorhang zue.

Ach, Blasius, worum so grytisch?
Syg ehrlig mit der, liebe Maa!
I waiss doch, s näggscht Johr, wenn s so wyt isch,
wo me di sicher finde kaa.
De sitzisch uff em haarte Bänggli,
luegsch der dä Buudezauber aa
und waisch, de kaasch fir dyni Fränggli
kai greesser Mässvergniege haa.

Diirggehoonig

Roosekiechli, Biirewegge,
Nougat, Marzipaan und Megge,
doon e griene, deert e gääle…
eppis aber daarf nit fähle,
schrybsch vo unsrer Mäss e Chroonig:
    Diirggehoonig.

Laider findsch en, was jo schaad isch,
uff der Mäss nur no sporaadisch.
Bletzlig gsehsch e Mogge lyychte,
root und wyss, e glitschig-fyychte,
scho fir d Augen e Bilohnig:
    Diirggehoonig!

Und glyy, ohni di lang z bsinne,
hesch e Hampflen in der inne.
Heerlig siess wie Bienewaabe
laufft s der iber d Zungen aabe.
Nai, dy Maage bruucht kai Schoonig:
    Diirggehoonig!

Bisch dehaim, so hesch e Moose
uff em Gilet und de Hoose.
An de Zehn gspyyrsch langi Fääde,
an de Blombe lyychti Schääde.
Glääbrig isch die halbi Wohnig:
    Diirggehoonig!

Wiehnachts-Stuube

Gutzi, Epfel, Dannezwygli,
heerlig schmeggt s dernoo im Huus.
D Stuube non em Wiehnachtsfeschtli
gseht graad wie verwandlet uus.

Biecher, Sogge, Ski und Stimpe,
zunderobsi, duurenand...
Bi de neie Naaselimpe
lyt persee e Goethe-Band.

Yyfrig macht der Bappe hinde
mit der Ysebahn Radau.
D Buebe stehn derbyy und finde,
schliesslig kennte si das au.

D Mamme het e Johr lang gschwoore,
ohni Oornig syyg s e Quaal.
Hitte hilft si mit rumoore
und stellt s Yysebahn-Signaal.

Niemerts het e Grund zuem Musche,
jeedes Gschänggli kunnt an Maa.
Was nit basst, kaasch moorn go dusche
oder gisch s an d Tombola.

Langsam kunnsch in sibte Himmel.
Was di blogt het, schwimmt dervoo.
Und de hesch vom neie Kimmel
au scho zwai, drei Gleesli gnoo.

Kurz und guet: gspyrsch au der Maage
hie und doo en Augebligg,
vo de Zeeche bis an Graage
stäggsch im Wiehnachts-Stuube-Gligg.

Johresäänd

Was mer gspyyre, isch nit numme
Summerglanz und Sunnebracht.
In is inne, um is umme
git s au Driebsaal, Soorg und Nacht.
Aber d Mieh isch nit vergääbe,
wenn de duesch, was vor der lyt,
und wenn fir der Sinn vom Lääbe
s Häärz der offe stoht und wyt.

Was lyt voor der? Huus und Gaarte,
d Aarbed, wo der Daag der git,
Mentsche, wo der naime waarte...
Kumm, gryff zue und bsinn di nit!
Männgmool mechtsch in Himmel länge,
bis de meerggsch, was dir nit gheert.
Hesch no gnueg. Fir was erzwänge,
was dy Schiggsaal dir verwehrt!

Lehr drum, wo de stohsch, di bschaide,
was der uffdrait isch, mach s ganz,
und au uff de glaine Fraide
lyt dernoo e stille Glanz.
Was de schänggsch, isch nie verschwäändet,
was dir aigen isch, blybt dyy,
und e Johr, wo dääwääg äändet,
kaan au moorn e Sääge syy.

Bi mir dehaim

Vor em Spiegel

I bin im Baselbiet giboore
– das kunnt mer gspässig vor –
und haa doch z Baasel s Häärz verloore
als Bueb vor männge Johr.

I fiehr mi oordlig uff im Lääbe
und folg em Magischtraat;
he joo, men isch doch nit vergääbe
Notaar und Advokaat.

I haa zwoor doo und deert e Hobby,
wo nit e Jeede waiss;
kurzum, i bii – wie männge Bobbi –
e bitzli haimlifaiss.

I zahl, wenn s sy mues, myni Styre
und mecht doch nääbedraa,
fir hie und doo e Feschtli z fyre,
no eppis iibrig haa.

I loss mi gäärn in d Fremdi draage
und frai mi au dehaim,
und was mer s Lääbe wott versaage,
das blieht in myne Draim.

Derzwische bringt mer Väärs und Gschichte
my braave Pegasus
und macht so zmitts in Brueff und Pflichte
us mir der Blasius.

Und lehrt mi, au in driebe Stunde
nit haart syy und verschnupft,
wil das, won i im Väärs haa gfunde,
mi iber d Soorge lupft.

Saag, Spiegel, stimmt s? Bald äärnscht, bald haiter,
der Brueff als Schutz und Schild,
der Väärs als Drooscht und als Biglaiter…
isch das my Spiegelbild?

Schuelaafang

I waiss nit, Bueb, soll i mi fraie,
wenn i so stolz di vor mer gseh.
Kunnsch du jetz wirgglig scho an d Raihe
fi s Aimoolais und s ABC?

I gspyyr, de kaasch es kuum erwaarte,
bis de der Äärnscht vom Lääbe lehrsch
und bis de, statt in Huus und Gaarte,
uff ix en änge Schuelbangg gheersch.

I wintsch der Gligg, e Lehrer z griege,
wo meerggt, fir was dy Häärz gäärn schloht,
wo jung blybt und no mit Vergniege
in d Schuel zue syne Kinder goht.

Mach d Augen uff, due joo nit strääbe
und wird mer au kai Schuelbyspiil.
E Strooffglass isch kai Schand fir s Lääbe
und fir e Datze bruucht s kai Ghyyl.

E gueti Schuel kaa vyyl der schängge,
vilicht au Frind dur Digg und Dinn,
und zwischeduure daarfsch draa dängge,
dass mir dehaim au byy der sinn.

So nimm der Schuelsagg uff der Rugge
und fang gidrooscht s nei Lääben aa,
lueg fescht graaduus, due di nit bugge
und wiird, will s Gott, e rächte Maa!

Mym Bueb sy Hoosesagg

En alti Käpselibischtoole,
e Portemonnaie, nadyyrlig läär,
e Ryssblei und e Stiggli Kohle,
e Naasduech, wo gäärn suuber wäär,

e schimmlig-grien Stigg Kandiszugger,
e Glee, vierblettrig und verblieht,
e Mässer und e Hampfle Glugger,
e Loos, wo sicher nimme zieht,

Zindhelzer und e Nielezwyygli,
e Billet uff der Minschterduurm,
e Lupe und e Schnuuregyygli
und zunderscht noon e Räägewuurm…

Was soone Gnopf – s isch fascht e Wunder –
nit alles mit sich umme drait!
E Sagg voll Miggis, Drägg und Blunder?
Es Sagg voll Buebesääligkait!

Schlooffliedli

Schlooff, my Bueb, schlooff yy,
s isch e Daag verbyy.
Vyyl hesch doo: di luschtig gmacht,
gschafft und gspiilt und gluegt und glacht,
grauslet wien e wilde Spatz
vor der Schuel am Minschterblatz.
Mied wirsch jetze syy.
Schlooff, my Bueb, schlooff yy.

Schlooff, my Bueb, schlooff yy,
Draum, und d Wält gheert dy.
Us em Schuelhuus wird e Schloss,
uff dym schwaarze Zauberross
ryttsch us wilde Schlachte haim.
Waisch, de daarfsch in dyne Draim
Brinz und Raiber syy.
Schlooff, my Bueb, schlooff yy.

Schlooff, my Bueb, schlooff yy.
D Soorge kemme glyy.
Hit isch s d Schuel und moorn isch s meh;
was no kunnt, kaa niemerts gseh.
Bruuchsch no männgmool Schild und Schwäärt.
Hesch s au schwäär, es isch derwäärt,
drotzdäm dapfer z syy.
Schlooff, my Bueb, schlooff yy.

Schlooff, my Bueb, schlooff yy.
Loss mi byy der syy,
dass i hie und doo der root,
wo s im Lääbe duuregoht.
Bhalt dy Muet und blyb mer zwääg!
Suech us Spiil und Draum der Wääg,
wo zuem Maa di macht.
Schlooff, my Bueb, guet Nacht.

Familiensonntagsausflug

Und schrillt der Wecker auch in aller Frühe,
im Bahnhof steigt man trotzdem nur mit Mühe
knapp in den letzten Wagen ein.
Rucksack und Sportshemd waren kaum zu finden;
drum gibt's nur Stehplatz bis nach Gelterkinden.
Bleib ruhig, Herz! Es muss so sein.

Man wandelt, schwitzt und streckt die trägen Glieder.
Dann lässt man sich vergnügt zum Picknick nieder,
freut sich auf Klöpfer, Brot und Wein.
Den Zapfenzieher liess man in der Küche,
der Büchsenöffner streikt und geht in Brüche.
Bleib ruhig, Herz! Es muss so sein.

Die Kinder spielen lärmend auf den Matten.
Der Vater legt sich in der Tanne Schatten
und schlummert friedlich schnarchelnd ein.
Just als die Wespe ihn ins Ohr gestochen,
fliegt ihm der schwere Fussball auf die Knochen.
Bleib ruhig, Herz! Es muss so sein.

Dem Andres wird das wunde Knie verbunden,
dann wird ein Abschiedsfeuer angezunden,
der Peter trampt noch schnell hinein.
Und schliesslich, mit Gesang und Kindertränchen,
geht's langsam, dann im Schnellauf bis zum Bähnchen.
Bleib ruhig, Herz! Es muss so sein.

Zufrieden, staubig, müd' kommt man nach Hause.
Die Kinder spritzt und spült man mit der Brause.
Früh geht zu Bette Gross und Klein.
Doch eh' man schläft, vernimmt man leicht beklommen:
‹Was wird am nächsten Sonntag unternommen?›
Bleib ruhig, Herz! Es muss so sein.

Sonntagmorgen im Historischen Museum

Das Licht tropft durch der Butzenscheiben Ritzen
und scheut fast vor dem dunkeln Raum zurück.
Man geht behutsam wie auf Zehenspitzen
und traut sich kaum, auf einen Stuhl zu sitzen,
aus Furcht, auch er sei ein Museumsstück.

Wie es der Väter Los an Feiertagen,
geh'n sie, die Kleinen an der Hand, im Kreis
und mühen sich, auf hundert Kinderfragen
mit viel Gewicht das Wenige zu sagen,
das jeder von der Schulzeit her noch weiss.

Man schaudert, wie man einst mit wildem Morden
und Köpfespalten Schlacht und Krieg gewann.
Und doch: viel besser ist's von Süd bis Norden
wahrhaftig nicht in einer Welt geworden,
die das Atom sogar zerspalten kann.

So lässt man Blicke und Gedanken schweifen.
Auch alte Trommeln hab' ich noch entdeckt.
Zu klöpfeln drauf, kann ich mir nicht verkneifen,
indes die Kinder leis' den «Glopfgeist» pfeifen,
bis uns des Abwarts strenges Auge schreckt.

Als endlich wir aus grauer Vorzeit traten
ins Licht des Sommermorgens, ward uns klar,
dass wir uns trotz der Väter Heldentaten
prosaisch freuten auf den Sonntagsbraten,
der – Gott sei Dank – noch nicht Historie war.

Jungi Gaarde

Wenn ych emool e Groosse bii,
dno mach i s wie der Bappe.
E Johr lang bin i oordlig gsii,
haa gluegt fir jeede Rappe.
Uf aimool macht mi d Faasnacht waich,
vergässe Gschäft und Kunde!
I bi graad noon em Moorgestraich
drei Dääg dehaim verschwunde.

Wenn ych emool e Groossi bii,
dno saag i mer wie d Mamme:
im Grund isch d Faasnacht nyt fir mii,
me sott das Zyg verdamme!
Und graad vor s loosgoht, flieg i um,
hool gschwind my alti Dante
und intrigier uff graad und grumm
und danz no alle Kante.

Wenn ych emool e Groosse bii,
dno grind i wie my Brueder
e Clique, mach der Zuug fir sii
und fiehr nadyyrlig s Rueder.
Mer spiile bees d Regierig uus
– i waiss die glettschte Sache –
und ruesse zämme d Stadt duruus,
dass alli Balgge grache.

Wenn ych emool e Groossi bii,
dno haan i wie my Schweschter
e Raihe Faasnachtsfrind fir mii,
ain hit, ain moorn, ain geschter.
Die ainte wiggli zimftig yy
die andre duen i flohne,
und wenn ain nyydig wird derbyy,
dä schigg i uff d Grischoone.

Wenn mir emoole Groossi sinn,
uns heebe kaini Resser!
Kunnt d Faasnacht, git s kai Häär und Hii,
wär mitmacht, däm goht s besser.
Drei ganzi Dääg lang fliegt er glatt
em Deifel ab em Kaare
und daarf derfiir mit syner Stadt
in Faasnachts-Himmel fahre.

Seine Majestät das Dienstmädchen

«Gesucht in Wohnung auf Etage,
in der die Hausfrau alles macht,
ein Mädchen, treu, bei hoher Gage
und Ausgang bis nach Mitternacht.
Gediegen-familiärer Ton.
Adresse bei der Redaktion.»

Das Inserat ist längst erschienen,
seit Wochen harrt der Haushalt schon.
Ein Brief! Schon glätten sich die Mienen;
es schreibt Lies Fräch aus Duntikon,
sie komme, falls der Platz noch frei,
zu einem Augenschein vorbei.

Man putzt die Wohnung während Stunden,
der Vater schabt sich seinen Bart,
die Kinder werden festgebunden,
der Hund wird irgendwo verscharrt.
Am Eingang steht die Mutter, schlicht,
ein süsses Lächeln im Gesicht.

Die Maid besieht sich Haus und Keller,
die Treppe scheint ihr steil und lang,
die Küche wünscht sie etwas heller
und eine Putzfrau für den Gang.
Zweimal pro Woche geht's zum Tanz
und jedes Weekend kommt der Franz.

Ein Zeugnis, wie?! Hat sie vergessen,
weil man sich so was heute schenkt;
sie hat ja zudem zwölf Adressen,
und überhaupt, wenn sie's bedenkt,
wird ins Hotel sie lieber gehn.
Sprach's, ging und ward nicht mehr gesehn.

Erzählt ein Grosspapa Geschichten
und Märchen seiner Kinderschar,
hört man von Mägden ihn berichten,
die treu gedienet Jahr für Jahr.
O Marie aus dem Wiesental!
Es war einmal... es war einmal...

Frühjahrs-Putzete

Seit Tagen wallt der Staub in dichten Schwaden,
die Luft isch schwer, und meine Ruh' ist hin.
Man bürstet, klopft und putzt den letzten Faden,
die Jagd ist frei auf Käfer, Motten, Maden.
So traut das Heim, heut duftet's nach Benzin.

Es lärmt und schallt wie bei den Hottentotten,
vom Dach zum Keller geht die Putzerei.
Was nützt des stillen Hausherrn leises Spotten?
Der Gattin Sorge gilt allein den Motten.
Zu Mittag gibt's ein kärglich' Spiegelei.

Man kommt ins Rutschen, stolpert über Besen,
weil sich als Glatteis das Parkett entpuppt.
Wer Ruhe sucht, kommt nicht auf seine Spesen.
Wo soll man bloss noch seine Zeitung lesen?
Am stillsten Örtchen wird man weggeschrubbt.

Ob ich auch flehend «schont die Bücher!» flöte,
was schiert die Putzlust sich um meinen Spleen!
Im Wirbelstaub ersticken meine Nöte.
Jetzt steht das dicke Kochbuch neben Goethe,
der Grieben paart sich mit dem Hölderlin.

Das Wirtshaus nur kann vor der Sintflut retten,
wie Noah späh' ich nach der Taube aus.
Denn ging's noch lang, so hinge – möcht' ich wetten –,
gleich wie aus allen Fenstern unsre Betten,
der ganze Haushalt mir zum Hals heraus.

Vorbei! Gottlob. Ich mache ohne Murren
im sonnig warmen Bett die Augen zu.
Durch meinen Traum noch geht ein leises Surren.
Ist es der Blocher? Ist's der Putzfrau Knurren?
Was kümmert's mich, ich hab' jetzt endlich Ruh.

My Wäägeli

Es het zwoor numme fimf PS
und doo und deert e Bugg.
s losst, fahr i iber d Schwyzerbäss
drotzdäm so gschwind nit lugg.
Potz Näägeli, wie rollt s
My Wäägeli, my Stolz.

I waiss, es gyxt, fahrt s iber d Stai,
und s het e kuurze Schnuuf.
S isch ehnter unschyynbaar und glai
und au nit waterproof.
E Räägeli ... wie lyycht
wird s Wäägeli dno fyycht.

Maag sy, dass s männgmol puschte duet
vor luter Ootemnoot.
s nimmt ainewääg der Suschte guet,
speziell wenn s abwäärts goht.
Goht s s Stäägeli durab,
macht s Wäägeli nie schlapp.

Drum, kämt e Bonz und frogti gaar,
ob i e «Waage» wott,
e ganz modäärne Supercaar,
digg wien e Risegrott:
gang, Bobbeli, loss s syy,
my Opeli blybt my.

I bi verliebt, i gstand s jo yy,
ins Auto und sy Stiil.
s het numme fimf PS, mag syy,
fir mi het s säx... appeal.
Potz Näägeli, wie rollt s!
My Wäägeli, my Stolz.

Abschied von meinem Wäägeli

Nun hast du, wie die Autobonzen sagen,
die Hand gewechselt, lieber kleiner Wagen.
Dein Steuer lenkt jetzt eine fremde Hand.
Mich hast gefahren du durch alle Gassen,
ich aber hab' dich schnöde fahren lassen.
Wo blieb die Freundschaft, die uns beide band?

Ich weiss es wohl, ich bin in langen Jahren
– vom ersten Tag an – gut mit dir gefahren.
Und doch, der böse Abschied musste sein.
Warst du auch schlank und zierlich, auf die Länge
ward uns dein schmal Gehäuse doch zu enge.
Die Kinder wuchsen, und nur du bliebst klein.

Wie hast du uns durch alle Welt getragen!
Den steilsten Pass konnt' ich im Wagen wagen,
und über allem stand ein guter Stern.
Drum, ob verbraucht die Pneus, verrusst die Kerzen,
schreib' ich ins Zeugnis dir von ganzem Herzen:
du warst ein treuer Diener deines Herrn!

Jetzt kann ich breit im breiten Wagen sitzen.
Die Räder schnurren und die Fenster blitzen,
bequem, doch – ach – wie fremd ist jeder Griff!
Und schon vermisse ich dein traulich Hottern,
die Zeit, wo dein Motor begann zu stottern
und wo der Wind durch deine Ritzen pfiff.

Drum wenn wir zwei uns auf der Strasse kreuzen,
muss ich vielleicht gerührt die Nase schneuzen.
Ein wenig Heimweh bleibt mir nicht erspart.
Doch dann, ob alle Schugger mich auch büssen,
werd' ich dich froh mit lautem Hupen grüssen:
Leb wohl, mein alter Freund, und gute Fahrt!

Das kaibe Friehjohr

Kuum isch vom Schnee der Gaarte drogge,
scho brääglet d Sunne wiider dryy.
Me dänggt no gäärn an d Wullesogge,
und zmitts im Huusgang stehn no d Ski.
Vorusse aber strahlt s wie nie.
Das kaibe Friehjohr kunnt halt z frieh!

Was sottsch nit alles due und schaffe!
Der Aarbeds-Yyfer schwimmt dervoo.
Am liebschte wuurdsch in d Wulgge gaffe,
luegsch nit graad nätte Maitli noo.
Am Biropult hesch aifach Mieh.
Das kaibe Friehjohr kunnt halt z frieh!

Wie gäärn liesst jeede Frau sich schängge
s neischt Hietli, won im Laade lyt.
Der Maa sait brummlig: «kaasch der dängge!»,
er kennt sy Faasnachts-Defizit.
Er mecht jo gäärn... er waiss nit wie...
Das kaibe Friehjohr kunnt halt z frieh!

Stolz hool i myni Flanell-Hoose
und kumm mer voor, als syg scho Mai.
Das Friehjohrswindli soll mer bloose!
Am glyyche Daag scho bin i glai,
gspyyr dur der Kopf e Schnuppe zieh...
Das kaibe Friehjohr kunnt halt z frieh!

Damenhüte

Seufzend tragen manche Leute
ihrer Sorgen täglich Joch.
Nur die Damenwelt hält heute
Kopf und Hut noch immer hoch.

Mütze schief bis auf das Näschen,
Turban überm blonden Schopf.
Alte oder junge Häschen
krönt ein wirrer Blumentopf.

Doch was nützt ein spöttisch Hecheln
über Kappe und Kapott?
Unterm Hütchen mahnt ein Lächeln:
«Hüte dich vor Hüte-Spott!»

«Denn wozu's uns Frau'n verübeln!
Etwas Leichtsinn tut heut' gut.
Vor den Sorgen und dem Grübeln
sind wir tapfer auf der... Hut!».

Modeschau

Als wär' er in Paris (statt Biel) geboren,
halb Revuegirl, halb holder Modetraum,
das Lächeln unterm Puder festgefroren,
so schwebt der schöne Mannequin durch den Raum.

Die Damen geben sich mondän und nobel,
sie sürpfeln Tee und knabbern süsse Keks,
und ob Bikini oder Pelz aus Zobel,
tabu ist ihnen jeder Modeklex.

Die Herren sind im reichen Kleidersegen
im Ganzen fehl am Platz und abgesägt,
und wenn sie blinzeln, gilt es leicht verlegen
dem Mannequin mehr als dem, was dieser trägt.

Die Gattin schwärmt vom Tailleur für die Reise
und ist erstaunlich gut gelaunt und hold.
«O teures Weib,» sagt sich der Gatte leise
und zählt bekümmert seinen Monatssold.

Man geht, von all der Eleganz benommen,
leicht spöttelnd und ein wenig farbenblind,
und freut sich doch, dass nun der Lenz gekommen
und dass die Röcke wieder kürzer sind.

Auch Tante Molly hat dabeigesessen,
sie kauft sich das Modell «le printemps vert».
Und in der Schale, nicht für es bemessen,
geht jetzt das Huhn (das dicke) hin und her.

Frühlings-Liedchen

Lässt, junge Frau, du deinen Schlaf dir rauben
und die Gedanken in die Ferne ziehn,
beginnst du gar, ans Horoskop zu glauben,
und liest du Eichendorff und Hölderlin,
gehst plötzlich du fünf neue Kleider kaufen
und einen wetterfesten Lippenstift,
willst jeden zweiten Tag zum Coiffeur laufen
und schwebst durch's Leben wie in einem Lift...
dann merk's dir, junge Frau: du bis verliebt!
Das ist die schönste Dummheit, die es gibt.

Wird, junger Mann, die Arbeit dir zur Feier
und ein Vergnügen, was vorher ein Muss,
Trägst du Krawatten, bunt wie Ostereier,
und steigst du plötzlich auf den Pegasus,
lernst du sogar den neu'sten Tango tanzen
und kaufst die schönsten Blumenläden leer,
springst unbekümmert um mit den Finanzen
und fühlst dich als Apoll und Millionär...
dann merk's dir, junger Mann: du bis verliebt!
Das ist die schönste Dummheit, die es gibt.

Und geht ihr zwei im Wald auf stillen Wegen,
wo nur der Specht nebst euren Herzen klopft,
spaziert die längste Zeit verklärt im Regen
und merkt nicht, wie es unablässig tropft,
lässt euch beim Goldschmied während Stunden zeigen
den Eh'ring, der am besten für euch taug',
und seht den ganzen Himmel voller Geigen
und kennt die Welt nur durch des andern Aug'...
Dann merkt's euch, junge Leut': ihr seid verliebt!
Das ist die schönste Dummheit, die es gibt.

Bunte Liebe

Ich bin kein Blaubart aus vergang'nen Tagen
und seh' nicht rot bei jeder hübschen Frau.
Und doch, ich muss es schwarz auf weiss Dir sagen:
seit ich Dich kenne, strahlt mein Himmel blau!

Mit Dir ins Blaue fahren, möcht' ich gerne,
im Grünen sitzen, wenn die Sonne lacht,
zur Flasche Weissen träumen von der Ferne
und heimwärts wandeln durch die schwarze Nacht.

So rosig meine Laune ist, daneben
seh' oft ich schwarz und bin verzagt und feig.
Mein blaues Wunder werd' ich noch erleben,
komm' nie bei Dir auf einen grünen Zweig.

Wann darf ich denn, Du Blaustrumpf, bei Dir starten?
Ich bin kein grüner Junge, bin ein Mann!
Muss ich, bis dass ich schwarz bin, auf Dich warten,
setzt meine Liebe doch noch Grünspan an.

Ich werde gelb vor Neid, schenkst Du den andern
nur einen einz'gen blauen Augenblick.
Weissglühend werd' ich durch die Strassen wandern,
beklagend solch' ein rabenschwarz Geschick!

Was nützt's, mich grün zu ärgern? Wie ich's drehe,
wie bunt das Spiel war, das mein Herz mir trieb,
ich senk' die weisse Fahne und gestehe:
ich habe Dich in allen Farben lieb.

Ich kauf' mir einen neuen Hut

Sprach eine Freundin, die mir sehr gewogen:
«Dein Hut passt nicht zur Würde als Notar!»
Bekümmert sah ich's ein. Es wär' gelogen:
mein Deckel war voll Flecken und verbogen.
Er musste weg, es ward mir selber klar.

Gesagt, getan. Sein Schicksal war besiegelt.
Ich lief gefasst in einen Ausverkauf.
Ein Herr, beflissen, höflich und geschniegelt,
der mich von hinten und von vorn bespiegelt,
pries meinen Kopf und setzte Hüte drauf.

Gleichsam ein Gärtner, selt'ne Blumen pflückend,
sprach er gewählt von Farbe, Stil und Schnitt.
Den letzten Hut mir auf die Ohren drückend,
fand er voll Ernst, er stehe mir entzückend.
Ich fand es nicht und nahm ihn trotzdem mit.

Mir ist, geh' ich im neuen Hut spazieren,
man schau' mir nach, als wäre ich im Hemd.
Die neue Würde macht beinah mich frieren,
ich hoff' bestimmt, ich werd' sie noch verlieren;
denn sie ist mir und meinem Kopfe fremd.

Dir, alter Fleckenhut, bleib' ich verbunden.
Der du mich lang behütet, Dank sei dir!
Wenn's niemand sieht – ich sag es unumwunden –
trag' ich dich zärtlich in den Abendstunden
zu einem kleinen Rundgang durchs Quartier.

Geburtstagsbad

Ich sitze in der Wanne Wärme
und messe weder Zeit noch Grad;
denn tief durch Seele und Gedärme
erquickt mich heut' mein Morgenbad.

Und durch die Wellen lass' ich ziehen
mein kleines weisses Segelschiff.
Es schaukelt über meinen Knien
um meines Bäuchleins sanftes Riff.

Ich mach' in meiner Badewanne
Gewitter, Sturm und Wellental,
und so, für eine kurze Spanne,
spiel' ich Geburtstags-Admiral.

Dann sing' ich mit Gefühl und herzlich
das «Preislied» Wagners vor mich hin
und merk' am Echo draussen schmerzlich
dass ich kein Meistersinger bin.

Und doch, wenn ich Geburtstag habe,
ist es ein Wunder, dass ich sing?
Ich fühl' mich heut' als kleiner Knabe
trotz meinem neu'sten Jahresring.

Kurzum, mit Arie, Schiff und Seife
beleb' ich meine Baderei,
und wenn zum Schluss ich mir was pfeife,
pfeif' ich auf's Jahr, das nun vorbei.

Wie wird das neue sich entpuppen?
Mög's besser als das alte sein!
Ich wollt's – wie mich – gern sauber schrubben
von allem, was nicht stubenrein.

Das Badewasser gluckst von hinnen,
ich fühl' mich aller Schlacken bar.
So stürz' ich mich in neue Linnen
und wohlgemut ins neue Jahr.

Beim Waldkauz

Der «Zolli» zählt zu meinen Alt-Bekannten.
Heut' war ich dort – mich freut's und mich erbaut's –,
traf einen Grossrat statt des Elefanten,
den Papagei und eine meiner Tanten
und kam zu guter Letzt zum alten Kauz.

Der sass im stillen Dunkel der Ruine,
um die der Efeu und Romantik hing,
und sah mit undurchdringlich weiser Miene,
als ob die Welt ihm ziemlich unnütz schiene,
der Menge zu, die laut vorüberging.

Mir kam zu Sinn: das wär der rechte Rahmen,
zieh' ich im Alter mich zurück zur Ruh.
Ein altes Schlösslein, winklig, ohne Namen...
Zuweilen blinzle ich nach hübschen Damen
und, passt's mir grad, mach' ich die Augen zu.

Zeit bleibt für Verse und Gedankenspiele,
das einst so bunte Leben, man verdaut's.
Wer mich besucht – es sind nicht allzu viele –,
der denkt vielleicht (was mir im Grund gefiele):
«Ach, Blasius, du bist ein alter Kauz!»

Summerfeerie dehaim

Nyt isch mit em Ummegumpe,
fyycht bisch wien e Naaselumpe,
s kennt jo wirgglig kiehler syy.
Aber lieber, statt go woorge
an der Hitz und dyne Soorge,
richt der z Baasel Feerien yy.

Schoon der Gaischt und dyni Gnoche,
loss der gueti Blättli koche,
spiil dehaim der Feerie-Gascht!
Fuxt di d Sunnen und ihr Gfunggel,
zieh di zrugg zuem «Bächer dunggel»,
scho vergissisch Hitz und Glascht.

Dyni Frind lacht hitte s Meer aa,
du hesch dismool halt d Riviera
uff em Boord am kiehle Rhyy.
Bsinn di nit und mach e Hächtli!
Wälledänz und Brääme-Gfächtli
hesch so guet wie z Rimini.

Znacht daarfsch lang und heerlig pfuuse,
ziehsch im Draum in d Wyti uuse,
stygsch sogaar uff d Aigerwand.
Bisch am Moorgen in de Bohne,
lauf gidrooscht bis uff d Grischoone!
Deert griegsch au der Sunnebrand.

Langi Eerle, Pfalz und Zolli...
Nai, i mach kai dumme Molli.
Mit em Summerhuet im Gnigg,
in mym Baasel, wo kai Hatz isch
und emool fir s Fuul-Syy Blatz isch,
haan au yych my Feeriegligg.

Strohwitwer-Brief

Jetzt in den Bergen, liebe Frau, zu leben,
fast neid ich's dir in unsrer heissen Stadt.
Hier bleibt das Hemd mir und die Arbeit kleben,
die Freunde seh' ich nach und nach entschweben,
auch Hubers sind schon lange in Zermatt.

Ich spritz' die Blumen täglich mit der Kanne
und mach' mein einsam Bett, so oft's mich freut.
Im Hause gab's bis jetzt noch keine Panne,
verstopft ist nur die neue Badewanne,
den zehnten Kragenknopf verlor ich heut'.

Am Abend plündre ich den ganzen Keller,
er pfeift nun wirklich auf dem letzten «Thon».
Auch mit Sardinen geht das Essen schneller.
Der Kriminalroman zum Suppenteller
ist nur ein schwacher Trost, seit du entflohn.

Doch brauch' ich mich nun nicht mehr lang zu härmen,
bald mach' ich mit dem müden Basel Schluss.
Dann, ob die Kinder rechts und links auch lärmen,
lass' ich mich von der Feriensonne wärmen.
Von deiner Sonne auch!
                    Dein Blasius

Hitze-Ferien

Jetzt hab' ich Ferien von den Basler Hitzen,
und Herz und Hirn sind nicht mehr dürr wie Stroh.
Der Bergwind weht, die weissen Gipfel blitzen,
und komm' ich, kraxle ich herum, ins Schwitzen,
so bin ich selbst dran schuld und weiss, wieso.

«Hundstage» waren's wirklich, was wir hatten.
Kein Lüftchen blies, auch nicht der kleinste Hauch.
Die ganze Lebenslust ging durch die Latten;
kein Wunder war's, bei 40 Grad im Schatten.
Zuhause sass man unterm Wasserschlauch.

Nachts schlief im Garten man in leichten Zelten,
tags lief man heiss im wahrsten Sinn des Worts.
Die Damen liessen fünfe grade gelten
und waren offenherzig wie noch selten.
Auch Onkel Max – der dicke – ging in Shorts.

Es schmeckte wie nach Stroh der beste Stumpen.
Man tropfte wie ein müder Wasserlauf.
Die bravsten Bürger fingen an zu lumpen,
und wussten nichts, als Bier in sich zu pumpen.
Die Glacemännli hatten Ausverkauf.

Man rief zum Himmel um ein Donnerbeben;
auch er war, sich zu regen, viel zu faul.
Im heissen Sonnenglast blieb alles kleben,
das Hemd, die Arbeit und das Innenleben.
Der Pegasus ging wie ein lahmer Gaul.

Vorbei! Ich sitz' am Hang, seh' Kühe grasen
und kaue Verslein wie den Halm das Rind.
Die Sonne scheint und bringt mich nicht zum Rasen.
Hier oben kann die ganze Welt mir blasen,
die Welt und Du, mein braver kühler Wind!

Im Rhyy

E stille Moorge voller Sunne,
fascht grienblau ruscht der Stroom verbyy.
I haa mi wirgglig nit lang bsunne,
nooch bi Birsfäälden gang i dryy.

Wyt dusse gsehn i d Wälle schiesse.
Ich mach, dass i dry yyne kumm;
denn zmitts im Rhyy wott i hit gniesse
my scheene Summermoorge-Schwumm.

Haiss bräägled d Sunnen uff der Rugge.
E Wiirbel gaitscht mer iber s Gsicht.
I mues e Muulvoll Wasser schlugge
und wehre, dass kai Brääme sticht.

Gschwind goht s durab, bis zuem Vergniege
fuul uff der Ruggen i mi drill.
Nit gnueg kaan i vo allem griege,
i stuun in Himmel und wird still.

Nai, mit kaim Keenig mecht i duusche!
Dur d Baim am Boord stryycht lycht der Wind.
Dief unde heert me d Kiisel ruusche,
und d Luft isch heerlig waich und lind.

E Schlepper kunnt mit Gstampf und Suure,
am Birskopf juuchzget s häll und froh,
e Waidlig stachlet ääne duure,
und langsam gsehn i d Stadt jetz koo.

Bis mi die alte Hyyser griesse,
d Pfalz mit de dunggelgriene Baim,
em roote Duurm vom Minschter z Fiesse...
Fescht schloot mer s Häärz: doo bisch dehaim.

Gäb Gott, dass mi die Wälle draage
und dass der Boode deert mi hebt,
bis mir emool in alte Daage
der aige Häärzschlaag still verebbt!

I loss das Bild dieff in mi schyyne,
es git mer Zueversicht und Rueh.
Und langsam schwimm i wider yyne,
em Uufer und mym Baasel zue.

I kaa nit jasse

I grieg e roote Kopf, i kaa nit jasse!
I bin e halbe Schwyzer und kai Maa.
Und gheer i au zuem Däll und syner Rasse,
vo dääre Kunscht haan i kai Dunscht, kai blasse,
wo jeede Bundesroot vo glai uff kaa.

Sunscht wirggt e Jass uff d Schwyzer doch wie Zunder,
i bi halt nie im Drumpfe dichtig gsii,
i bi kai Ass, fascht schon e Schällen-Under,
und dängg i an d Regruteschuel, kai Wunder,
dass i am Schluss fascht sitze bliibe bii.

Deert haan i s Kaartelääse zwoor verstande,
nie aber lehr i s in der Baiz bim Hogg.
Kumm yych derzue, mues jedes Spiil versande.
I waiss, i kaa die beschte Drimpf nit lande,
i bi – s isch paradox – bim Jass e Bogg.

Und driff i Lyt bim Zuuger oder Bieter,
mi sticht s ins Häärz, wenn soovyyl Stich i gseh.
Vergniegti Gsellschaft und gidrooschti Gmieter…
yych aber sitz derbyy als Laadehieter
und dängg, wenn aine Dreiblatt sait, an Klee.

Kumm yych emool in Himmel, haan i Soorge.
Wär nimmt mi uff, wenn nyt i z wyyse haa?
Der Baerwart suech i – deert bin i giboorge –
und gang in d Lehr, bis dass i ums Verwoorge
doch non e Schwyzer Ängel wäärde kaa.

I mecht gäärn s Hindli bi mym Noochber syy

I bin im Groosse und im Ganze zfriide
mit däm, wo s Lääbe mir bis jetz het bschiide.
Goht eppis schieff, he nu, i schigg mi dryy.
s git ainewääg bi mir so gwiisi Stunde,
do haan i ganz im Stille au scho gfunde:
i mecht gäärn s Hindli bi mym Noochber syy!

Gang yych an d Aarbed, daarf ääs wyter pfuuse,
bim Rääge blybt s dehaim, und yych mues uuse.
So goht s johruus johryy, vo frieh bis spoot.
Schaff yych im Gäärtli, schloofft ääs uff der Matte,
wenn yych vor Hitz vergang, drohnt ääs im Schatte,
bikumm yych Glepfer, isst ääs Entrecôte.

Bim glainschte Liftli griegt s e wullig Tscheepli,
und numme wenn s em basst, so git s sy Deepli,
sunscht macht s e Miffi oder duet verschläggt.
Und doch het iiberaal dä Mops sy Chance;
denn wenn er hyylt, kunnt jeedi Frau in Trance,
und wenn er gläfft, het s halb Quartier Reschpäggt.

Me riefft em Doggter, wenn das Dierli gränggeled,
me sait kai Woort, au wenn s bim Aesse mänggeled;
denn vor däm Zwäärg wird au der Huusheer glai.
Me hoolt e Baarebly als Schutz fir s Sinneli,
me suecht die scheenschte Baim uus fir sy Brinneli,
kurzum, er isch e Pascha uff vier Bai.

Und doch. I waiss nit, ob i s wott ersträäbe
e soone Heeren- oder Hunde-Lääbe,
uff d Lengi wäär s fir mii jo doch nit gsund.
Denn – ehrlig gsait – doo lyt der Hund bigraabe:
so ummezfuule bringt aim nummen aabe,
und schliesslig kunnt me wiirgglig uff der... Hund!

My Seggretäärin

Het my Diktaat au männgi Glippe
si tippt perfäggt – do git s nit z tippe –
und isch, wenn s syy mues, uff Pikett.
S bhaalted d Rueh, wird i au hitzig,
und sait em Kund, i haig e Sitzig,
blyb i am Moorge z lang im Bett.

Si kennt vo voornen und vo hinde
my Kindergmiet und myni Sinde
und alli myni fuule Witz.
Sie halted gäärn uff Etikette
und rationiert mer d Zigarette,
blybt haart wien ihre Ryssbleispitz.

Si schrybt mit Tämpo in der Reegel,
boliert si nit graad d Fingerneegel
und waiht nit graad der Faasnachtswind.
Si kaa derzwische fascht gar häxe,
ganz bsunders, drifft si noo de Säxe
gschwind ain von ihre siibe Frind.

Kurzum, si isch drotz männge Kante
gottloob kai Rääf und alti Dante,
derfiir e jung und frehlig Bluet.
Das het au mir in d Auge gstoche
und däät no männgem alte Gnoche
– nit numme myne – aifach guet.

Sauna

Jüngst liess durch einen Freund ich mich verleiten.
Er sprach voll Takt: «Mein Lieber, sei getrost!
Auch wenn sich noch mehr Deine Kleider weiten,
ein Wanst bleibt Dir erspart, sorgst Du beizeiten.
Mach's wie die Finnen, leg' Dich auf den Rost!»

Ich tats. Wer dächte wohl, dass – Gott bewahre –
auch ein Professor in die Sauna geht!
Vor kurzem traf ich stolz ihn im Talare,
nun liegt er schwitzend auf des Masseurs Bahre
als Adam, wie er in der Bibel steht.

Auch sonst erkennt man, fehlen auch die Kleider,
bald den, bald jenen Herrn aus unsrer Stadt.
Dabei wird offenbar, dass mancher leider,
sonst ein Adonis im Gewand vom Schneider,
doch krumme Beine und ein Bäuchlein hat.

Man liegt geduldig auf dem warmen Schragen,
bis man vor Hitze zu zerspringen droht.
Doch eh's soweit, springt selbst man voll Behagen
ins kalte Bassin, dass die Wellen schlagen,
und wird allmählich wie ein Krebs so rot.

So trieb denn, zu des Körpers Nutz und Frommen,
auch ich das munt're Spiel von kalt zu warm,
bestieg zum Schluss die Waage leicht beklommen
und sah erfreut: «Zwei Kilo abgenommen!»
Das hilft der Linie und erhöht den Charme.

Beschwingt, erleichtert ging ich schliesslich weiter,
von allen ungesunden Schlacken rein,
mit einem Bärenhunger als Begleiter,
und holte dann beim Mittagessen heiter
die beiden Kilos spielend wieder ein.

Protest gegen Theater-Huster

Erlischt im grossen Raum das Licht,
so kommt ihr in Ekstase.
Ich hab' euch zwar im Auge nicht,
Ich hab' euch in der Nase.

Wenn der Sopran piano singt
und wenn die Pointen fallen,
dann lasst ihr, dass es herzhaft klingt,
den ersten Husten schallen.

Und um die Ruhe ist's getan
vom Sperrsitz zu den Rängen.
Ein jeder steckt den Nachbarn an
und möcht' ein Lärmchen zwängen.

Der Reiz des Hustens bricht sich Bahn;
man übt nach Kunst und Regeln.
Und mancher braucht sein Prachtsorgan,
als ginge er zum Kegeln.

Ob sich der stille Hörer sperrt,
er sitzt in tausend Nöten.
Im Dunkelmänner-Hustkonzert
geht alle Stimmung flöten.

Auch meine Ruhe schwimmt davon
beim Räuspern und beim Pusten.
Ich möchte – ach, was möcht' ich schon –
ich möchte euch was husten!

O dass man euch die Kehle schabt,
euch heisern Unglücksraben!
Und wenn ihr das nicht gerne habt,
könnt ihr mich gerne haben.

Der Gang-go

Kunnsch du emool ins heecher Alter
und bisch kai miede Kimmispalter,
so sait uffsmool dy liebi Frau:
«Kumm gang go s Gmies fir hitte kauffe!»
Und scho foosch gmietlig aafoo lauffe,
ob s Wätter häll isch oder grau,
im Tämpo vome Tango
als Gang-go.

So kunnsch uff dyner Bromenaade
vom Läädeli in näggschte Laade,
und was de neetig hesch, kauffsch yy:
Spinaat und Wiirscht und Milch und Aier,
derzwische nimmsch no gschwind e Zwaier,
und dääwääg kenntsch, das meerggsch jo glyy
no Kilomeeter lang go
als Gang-go.

Zwoor mit de Bixe und de Fläsche,
mit Flaisch und Gmies wird halt dy Däsche
bim Wyterlauffe männgmool z schwäär.
Und brennt no d Sunne wie im Juli,
so kunnsch der vor als aarme Kuli
und tschumplisch miehsam hiin und häär,
als stäggte d Fiess im Fango
bim Gang-go.

Und ainewääg: uff Ehr und Gwisse
i wuurd s im Grund doch sehr vermisse
das Doo und Deert, das Häär und Hii.
Giduldig darfsch und ohni z flueche
die beschte Sachen uusesueche…
Und doorum dängg i still fir mii:
i hoff, i kenn no lang go
als Gang-go.

Symphonie-Konzert

Man drängt sich an die Garderobe,
grüsst freundlich einen alten Schatz,
blickt rasch zum Spiegel wie zur Probe
und geht an seinen Sperrsitz-Platz.

Man nickt nach vorn und guckt nach oben.
Schau schau, Frau Vischlin, welcher Chic!
Der Max sitzt wieder bei den Schwoben!!
Das Lotti wird halt doch zu dick.

Bald hüllen des Orchesters Wogen
das Publikum in Wohlklang ein.
Man fühlt zum Himmel sich gezogen.
Sogar die Geige tönt heut' rein.

Man lauscht. Dazwischen in Momenten
ertappt man sich auf fremder Spur,
verweilt beim Frack des Dirigenten
und bei der Vorderfrau Frisur.

Den Entr'acte erfüllt die Tante,
erzählt von Basels «dernier cri».
Gestärkt besteht man das Andante
der langen Bruckner-Symphonie.

Der Pauken schwellendes Getöse
verkündet, dass das Ende naht.
Den einen mahnt's, dass er nicht döse,
der andre freut sich auf den Skat.

Man drängt sich an die Garderobe,
grüsst nochmals seinen alten Schatz,
blickt rasch zum Spiegel wie zur Probe
und geht an seinen Stammtisch-Platz.

Winterschlooff

Bisch nit au e Frind vom Summer?
Hesch nit au im Winter Kummer,
gfriert vorusse jeede Stai?
Wäär s nit heerlig, ganz verschwiige
in e Winterschleeffli z liige
vom Sylveschter bis zuem Mai?

Stell der voor: i schieb der Riigel
und grad wie der Dax und Iigel
schlooff i lang fir mi elai.
Nyt me kaa mi jetz verdriesse,
maag s au stiirme, nääble, giesse
vom Sylveschter bis zuem Mai.

S Bett dehaim isch my Oaase.
Vo de Zeeche bis zuer Naase
liig i weermer als im Hai,
bruuch kai Gäld und spaar mit Kohle,
loss mer kaini Schueh me sohle
vom Sylveschter bis zuem Mai.

D Faasnacht allerdings vermiss i,
d Waggis heer i bis in d Kissi,
drei Dääg bin i wiirgglig glai.
Wenn dur d Draim mer d Drummle rieffe,
dää Momänt isch ganz e schieffe
vom Sylveschter bis zuem Mai.

Sunscht isch s scheen. I mues nit fyre,
nit im Draum dängg i an d Styre,
brich mer uff de Ski kai Bai.
Zfriide kaan i liige blyybe
und bruuch kaini Väärsli z schryybe
vom Sylveschter bis zuem Mai.

Kumm brobier s! s Rezäpt isch glunge.
Isch nit, was my Lied het gsunge,
simpel wie s Kolumbus-Ai?
Schlooff, bis d Friehjohrswindli bloose,
styyg derno in d Flanell-Hoose
und gump zmitts in scheene Mai!

Dur d Brille vom Santiglaus

Lang haan i an der Diire glitte.
My Maitli waarted still und schych.
Syt männge Wuche blangt s uff hitte,
als syg s der Wääg ins Määrliryych.

Do sitzt s mit syne blonde Zepfli.
Kuum gsehn i s, d Brille laufft mer aa.
Mit roote Bagge, haissem Kepfli
luegt s uff dä alt und brummlig Maa.

Und dapfer stoht s jetz vor mi aane,
au wenn s em um sy Myyli zuggt.
Kai Wunder, dass es drotz mym Mahne
fascht d Helfti vo sym Väärs verschluggt.

In d Augen gsehn i Dräänli styyge,
wil fescht i schimpf und brummlig due.
Am liebschte wuurd i wider schwyyge
und liesst my Maiteli in Rueh,

nähmt ab my Baart, my dunggli Kappe
und saiti zwischeduure gschwind:
«Dä nyydig Maa, waisch, isch der Bappe.
Kumm, droggne dyni Dräänli, Kind!»

I meergg, wie d Bueben Auge mache,
si gspyyre, was do vor sich goht.
Au d Mamme bschaut mit stillem Lache
der Santiglaus in syner Noot.

I schwitz, und d Brille wird no fyychter.
Gschwind läär i halt my Sagg jetz uus,
mach au my Gwisse dääwääg lyychter
und brummle no und gang vor s Huus.

Und waiss es doch scho vor em Gatter,
worum i das nit besser kaa.
I bi dehaim halt gäärn e Vatter
und nit so gäärn e Beelimaa.

D Wiehnachtskrippe

Graad vor der Wiehnacht, scho syt vyle Johre
stell i dehaim die alti Krippen uff.
I waiss, die stilli Stund isch nie verloore,
i dängg scho voorhäär draa und frai mi druff.

Am Boode leeg i Moos und scheeni Greeser,
mit Stai und Äärde bau i Bäärg und Land.
E See entstoht us alte Spiegelgleeser,
dur d Felse lauft e schmaale Wääg us Sand.

Und d Keenig loss i iber d Matte schryte,
die fromme Hiirte stehn bi Oggs und Rind,
und wie zuem Gruess us hälle Himmelswyte
naigt sich der Ängel vor em Krippekind.

Und bi mym Schaffe haan i – wott s mer schyyne –
nit nummen uffgstellt, baut und Wäägli glegt;
i gspyyr, i bau in unsri Krippen yyne
männgs, wo mi blogt, männgs, wo mer s Häärz biwegt.

Und doch, isch s feertig, mues i aafoo roote,
und männge Zwyyfel wott mi iberkoo:
isch, was i gschafft und dänggt haa, wiirgglig groote?
Kaa au my Wäärgg im Wiehnachtsliecht bistoh?

Waart s ab und glaub: kai Baustai isch vergääbe.
Wenn d Keerze lyychte, bisch dy Soorge loos.
Us Glaas wird Glanz, us dootem Stai wird Lääbe,
und Blueme bliehje zmitts im diire Moos.

Im Himmelsliecht gehn alli Zwyfel under.
D Verhaissig gspyyrt, wär mied no isch und grangg.
Und vor der Krippe, vor em Stäärnewunder
sait froh dy Häärz sy stille Wiehnachtsdangg.

Wunschzettel für das Neue Jahr

Wenn man mit Reden und Silvester-Pünschen,
dich, neues Jahr, nun bald begrüssen kann,
steh' ich vor dir mit meinen vielen Wünschen.
Komm, sei so gut und hör' sie gnädig an!

Gib frischen Lebensmut mir allerorten,
lass mich nicht träge werden und verschnupft.
Zeig' mir die Kunst, wie man mit klugen Worten
auch grosse Herr'n an ihren Bärten zupft.

Füll' meine Pfeife stets mit mildem Knaster,
mein Glas zur guten Stund' mit edlem Wein,
und lass mich selbst trotz aller meiner Laster
ein rechter Ehemann und Vater sein.

Bewahre mich, die andern durchzuhecheln,
erstick' den bösen Neid in mir im Keim,
schenk' mir zuweilen holder Frauen Lächeln
und jede Woche einen guten Reim.

Lehr' mich das Gute auch im Kleinen sehen
und hinter allem Tun ein helles Ziel,
lass' doch das Herz mir immer offen stehen
für dieses bunten Lebens seltsam Spiel.

Und halte wach in mir in Freud und Schmerzen
die stille Liebe zu der Stadt am Rhein...
dann, neues Jahr, will ich von ganzem Herzen
mit dir und auch mit mir zufrieden sein.

Trachtenlied

(Dem Blasius von seiner Frau an einem Geburtstag
gewidmet)

Nach der Eintracht sollst Du täglich trachten,
jede Zwietracht meiden und sogar verachten.
Gibt das Leben Dir auch eine Tracht von Prügel,
so betracht' den Grund und halte fest die Zügel!

Stets die Tracht der Liebe tragen Frau und Kinder,
steh'n als Trachtengruppe um Dich «alten Sünder».
Trächtig an Humor lebst Du am allerbesten...
So besteht Dein Jahr aus lauter Trachtenfesten!

Blasia

Underwäggs

Ziiri

Iber d Ziiriheegel schneede
wott halt z Baasel fascht e Jeede.
Kumm, vergiss fir hit dä Drang!
Hesch di aimool duuregrunge,
findsch au Ziiri no ganz glunge,
weenigschtens e Weekänd lang.

Bahnhoofstrooss

Kuum bisch zuem Bahnhoof uusegloffe,
scho merggsch, was s hitte gschlaage het.
E wyti Strooss stoht voor der offe,
so lääbig hesch no kaini droffe
in allen unsre Schwyzerstedt.

Und eb de di no rächt hesch bsunne,
bisch zmitts in däre Brachtsallee.
De gspyyrsch uffs Mool, der Daag isch gwunne,
und lauffsch vergniegt dur Baim und Sunne,
wyt hinde blinzled scho der See.

Und zmitts in Muure und Fassaade
kaasch Ziiri wien e Kuuroort gseh.
Die rainschti Feeriebromenaade –
Do blitzt e Kaffi, deert e Laade,
s verjagt der fascht dy Portemonnaie.

E soone Stadt het Blatz fir jeede,
das meerggsch, wenn de dur d Mängi schrytsch.
Franzoose, Yankees, Schwoobe, Schweede…
de heersch fascht alli Sprooche reede,
s kaa syy sogaar au Ziiridytsch.

So loss au yych dur d Stadt mi draage,
die langi, hälli Strooss dury,
i gniess die Stund, bi voll Bihaage
und mecht – i mues es wirgglig saage –
fir hit myseel e Ziircher syy.

Quai-Brugg

Stadtyywäärts goht der Bligg vo Brugg zue Brugge.
Lueg, wie si niider sich ans Wasser dugge,
an d Limmet, wo so oordlig isch und glatt.
s bruucht kaini Joch wie z Baasel, wo sich speere
und gege Stroom und Wälle sich mien wehre,
so friidlig maint s der Fluss mit syner Stadt.

Und friidlig, jo fascht haiter isch s ringsumme.
Deert kunnt vergniegt e Dämpferli go brumme,
doo hoggt e Fischer, wo sy Angle dunggt.
Und iber allem, iberm ganze Gwimmel
vo Mentsche, Schiffli, Veegel stoht e Himmel,
wo – blau und wyss – in Ziircherfaarbe brunggt.

Und nääbe mir, am Gländer iberm Fliesse,
sinn Lyt wien ych, wo Zyt hänn und wo s gniesse,
sich fraien an däm Helge und sym Charme.
Es isch derwäärt, am Moorge in der Sunne
e Viertelstund sich uff der Quai-Brugg z gunne,
es macht mer s heerbschtlig Häärz gitrooscht und waarm.

Und lueg i jetz zuem See, ins silbrig Glänze,
so isch s e Stuune ohne Zyyl und Gränze.
De nimmsch mi gfange, Ziiri, an was lyt s?
Am braave Fluss, am See, wo funggled?... Item,
de gfallsch mer hit vo noochem und vo wytem,
du hälli Stadt zmitts in der hälle Schwyz!

Lindehoof

Fortunagass, daarf i der draue?
I styg der nooche, bringsch mer Gligg?
Bigryffsch, i bi jetz mied vom Bschaue,
i suech e stillen Augebligg.
Und find e Blatz, wytab vom Läärme,
verdraumt, versungge halb im Schlooff…
Nyt Scheeners, als e bitzli z schwäärme
am Ooben uff em Lindehoof.

Wie isch doch d Wält uffs Mool verschiide!
So still. Me maint, me syg dehaim.
I sitz und loos im Oobefriide
uffs Rusche vo de Lindebaim,
lueg iber d Stadt in blaui Wyte…
Me wird fascht gaar zuem Philosoph
und draumt vo scheenen alte Zyte
am Ooben uff em Lindehoof.

Dert ääne stoht en alte Brunne
und singt sy Lied fir sich elai,
druff oobe, in der letzschte Sunne,
e stolzi Ziircherfrau us Stai.
Si hebt ganz griegerisch e Fahne
und drait e Saabel wie zuer Strooff,
als miesst si no zuem Friide mahne
am Ooben uff em Lindehoof.

s erscht Liebespäärli kunnt go schlyyche
und sitzt uffs Bänggli, still und äng.
Saag, Brunnefrau, wottsch si verschyyche?
Verstegg dy Saabel, lueg nit sträng!
Loss doch das Maitli an sym Schäärme,
du waisch jo graad so wie dä Goof:
nyt Scheeners als verliebt go schwäärme
am Ooben uff em Lindehoof.

D Öpfelchammer

Das isch e Baiz! Doo bringt mi kainen uuse.
Doo blyb i hogge, bis e Zwelfi schloht
und bis der Wirt vo sälber goht go pfuuse,
wil er vor Miedi kuum meh sänggrächt stoht.

En ängi Stuben isch s, us alte Daage,
vom Duubaggrauch und vo de Johre baizt,
wo schwääri Aichebalgge d Biini draage
und wo der Wyy meh als der Oofe haizt.

Der Wyy haisst «Räuschling», wo si aim gredänze;
er waggst am See, isch ehnter suur als siess,
und macht halt ainewääg, dass d Auge glänze
und d Zunge lyychter lauffe dien als d Fiess.

Äng sitzt me, stupft sich mit em Ellebooge
und nimmt der Baasler hooch, so wie sich s gheert.
Und wil dä au nit graad uff s Muul isch gflooge,
so git s e Stimmig, wo kai Gnoche steert.

s kaa syy, s nimmt ain uffs Mool sy Laute fiire
und singt, was ihm und uns Vergniege macht.
Lyt vo der Gass stehn gwundrig an der Diire,
und iber sii glingt s Lied in d Stadt und d Nacht.

Und so, voll Zauber lauffe Stund um Stunde
wyysäälig dur my Häärz und dur my Bluet,
und s isch mer in der ganze Daafelrunde
gopfriidli fascht gaar wien em Käller z Muet.

Vergniegt und ohne jeede Katzejammer
lauff spoot i haim, die alti Gass duruus.
I draum e Nacht lang vo der «Öpfelchammer»
und schlooff derzue my glaine «Räuschling» uus.

Waisch no… s Cornichon?

Als wäär s no hit und geschter,
gsehn i eich vor mer stoh,
und s Häärz schloot wider feschter,
wie stimmen ihr aim froh!
Ihr mache glai und glainer
der nyydigscht Misanthrop,
der Zarli oder d Rainer,
der Streuli oder d Schoop.

An eirem Witz sich z fraie,
doo bruucht s nit langi Dänz.
Jung sinn ihr wie der Maie
– he joo, das macht der «Lenz» –
und frisch wie Quellewasser,
nie gnorzig und nie daub,
vom Meier bis zuem Rasser,
vom Elsi bis zuem Staub.

Ihr lehn der Muet nit roschte
und sinn e Wach fir s Land.
Ihr stehn uff eire Boschte
im Schwyzer Schitzestand.
Heerjee, de wäärsch e Tschooli,
wenn du nit merggsch, was d hesch
am Hegi und am Voli,
am Gretler und am Lesch.

Kumm zrugg! Loss is nit waarte,
du raar Guggimmerli,
und schängg is us dym Gaarte,
vyl neii Nimmerli.
Wenn daas bassiert, frologg i,
und alles wäär im Schuss,
der Beppi und der Joggi
und au der
                              Blasius

Ziiribäärg und Dalbe

Dä Baasler, wo si von em saage,
er gieng im eltschten Eggligraage,
drotzdäm er fimf Millieenli haig,
wohnt in der Dalbe, drait e Hätzle,
goht still go syni Coupons schnätzle
und isch uff alli Fäll vom Daig.

Der Ziircher aber – potz Millioone –
losst sich nit lumpen oder flohne.
Wär s Gäld nit zaigt, dä isch e Zwäärg.
Was eppis koschted het, mues blitze,
me bruucht doch nit im Dunggle z sitze,
e Huus gheert uff der Ziiribäärg.

Wo d Baasler wääge z hooche Keschte
graad soone bitzeli dien feschte,
doo kunnt der Ziircher brait im Fragg.
Wenn d Baasler ihri Schetz verstegge,
der Ziircher zaigt s an allen Egge,
vom Weekänd-Huus zuem Cadillac.

Zwoor, numme bschaiden isch au schyter.
Wär oobe wohnt, dä gseht halt wyter.
Zue reserviert isch fascht wie fuul.
Drum losst der Ziircher – s isch z bigryffe –
der Wind sich um sy Naase pfyffe,
um d Naase... und um s offe Muul.

Niederdorf

Männer, wo dur s Fänschter jasse,
Fraue vor em Huus bim Hogg,
iber schmaale Pflaschtergasse
d Samschtigs-Wesch vom dritte Stogg...
Lueg doo aane, jeere nai,
isch die Groossstadt Ziiri glai!

Näbe Hyyser, alte schieffe,
blitzt e Bar graad wien e Gläx.
Wottsch di in e Baiz verschlieffe,
findsch uff jeedem Blätzli säx.
Doo isch s gmietlig, deert isch s lusch,
doo griegsch Rippli, deert e Rusch.

Kinder spiile, Däämli blinzle,
wenn e Heer verbyy spaziert,
Katze jaule, Hindli brinzle,
männgen Eggen isch verziert.
Iber allem waiht e Luft,
meh e Gstänggli als e Duft.

Deert het aine zimlig glaade,
drillt uff miede Bai sich haim.
Doo stehn vor em Blunder-Laade
Sii und Äär in stille Draim.
«Ehebett mit Stiggerei,
second hand, doch fascht wie nei.»

Und vom Ziircher bis zuem Nääger,
driffsch im Deerfli männg Brofiil,
Haute volée und Hoosedrääger,
dernier cri und Haimedstiil,
Bohémiens und Eedelkitsch:
Montparnasse uff Ziridytsch!

So entdeggsch halt drotz Spelungge,
Spiilsalon und Rummelbaiz,
bim vergniegten Ummeglungge
in de Gässli männge Raiz.
Und der Baasler wintscht sich haiss
ganz im Ghaime nummen Ais:

Aimool mit de Drummle duure,
Gass fir Gass die halbi Nacht,
ruesse, bis dass d Fänschter suure
und s in alle Balgge gracht…
Doo wurd au der Ziircher blaich.
Niederdeerfler Moorgestraich!

Züricher Fasching

Jetz haan is doch emool no gseh
das Züircher Böögge-Fäscht.
E zwait Mool gang i nimme meh
und lieber graad ins Näscht.

«Einmal so ganz inkognito»,
stoht iberm Ball-Lokaal.
Herjee, i bi mainaidig froh,
dass kain mi kennt im Saal.

E Sultaan sitzt im Séparé
mit syner Pompadour,
sy Naasen isch vom Goschdymjee,
sy Schnuure isch Naduur.

Was mainsch, de saisch «du miede Glaus»
deert zu däm Beatle-Dropf.
Verlier kai Zyt derby und hau s
sunscht springt er dir an Kopf.

Der «Glaus», dä giengt no dryy zuer Noot,
s «Duu» aber isch e Schand!
Me duuzt sich nit, vors Zwelfi schloht,
im Züircher Böögge-Gwand.

E Daametour? s isch gnueg, i straik!
I gang, bivoor i hyyl.
Am Uusgang pfuust e miede Schaik
und het zäh Gleesli z vyyl.

Zuem Hotel nimm i jetz der Rangg
und schlieff ins Bett, ins waich.
i mach im Kopf e Schnitzelbangg
und draum vom Moorgestraich.

I haan e Frind, wo z Ziiri wohnt

I haan e Frind syt vyyle Johre,
wo z Ziiri läbt, sunscht isch er gsund,
Er isch als Baasler zwoor giboore,
drum haan en gäärn, das isch der Grund.
Und het s en au in d Fremdi driibe,
vom Haimweh isch er nit verschoont.
Er isch im Häärz e Beppi bliibe,
drotzdäm er zmitts in Ziiri wohnt.

Er gheert nit zue de Groossstadt-Rueche
und kennt nit numme Spoort und Jazz;
drum kunnt er oft go Baasel bsueche,
sogaar au ohni Muschtermäss.
Er sait no hit «persee» und «syydig»,
und wenn en aine fuxt und flohnt,
so git er zrugg und wird nit nyydig
au wenn er zmitts in Ziiri wohnt.

Er isch e Haimlifaiss, kai Schreier,
e bitzli grytisch allefalls,
und sait em Ziirisee der Weijer,
em Ziridytsch der Grampf im Hals.
Er het sy Fraid am guete Drummle
und finded, dass sich s wiirgglig lohnt,
dur unsri alte Gasse z bummle,
graad wil er zmitts in Ziiri wohnt.

Aimool im Johr, am Säxilyte,
isch d Frindschaft fryylig uus, i straik.
Doo goht er um der Böögg go ryte
als gschminggte Beduine-Schaik.
Und wenn er dno mit bruuner Schnuure
stolz uff sym Gläpper oobe droont,
so waiss is wider duureduure:
i haan e Frind, wo z Ziiri wohnt!

Spaziergängli

Fir der Walter Morath

I wohn in Ziiri, s kennt mi kuum e Gnoche,
und s wäär e Witz, wett ain my Autogramm.
I haa bis jetz au schliesslig nyt verbrooche,
abgseh dervoo, dass i us Baasel stamm.
(I lääb fir mi, i haa my glai Pensieenli
als alte Lehrer wird me halt nit ryych)
und bii – so als Broduggt us zwai Kanteenli –
im Grund in baide Stedt e bitzli schyych.
    Nit dass i eppen iber d Ziircher mi biglaag,
    nur mit däär kaibe Groossstadt kumm i nit rächt
    zschlaag.

Wenn d Lyt und d Auto um mi umme schiesse,
so wird s mer drimmlig und e bitzli gschmuech.
I mecht vo Zyt zue Zyt gäärn d Stilli gniesse,
i waiss, s isch dumm, i bi kai Groossstadtruech.
Und doch! Sobald i bim Veltlinerkäller
zuer alte Peterhoofstatt uffe kumm,
schloot au my gläpprig Häärz vom Styyge schnäller,
es wird mer drotzdäm wohl. Ich waiss worum:
    e wyte stille Blatz, ganz lyslig ruuscht s dur d Baim,
    und s Pfaarhuusgäärtli schloofft, als wäärs in dieffe Draim.

I lauff vilicht durs Niederdorf, ganz hinde,
wo noonig Dancing nääbe Dancing winggt,
und wo me stillvergniegt no kaa verschwinde
im dunggle Baizli, wo no Duubagg stinggt.
I gang en ander Mool go d Limmet gniesse
bim Schipfigängli, wyt ewägg vom Gstiirm;
i lueg de Schwään zue und em braave Fliesse
und frai mi an de stolze Minschterdiirm.
    «Meerwunder» haisst e Huus deert unde, uff my Ehr!
    E bitzli Wasser, und scho sait der Ziircher «Meer».

Und hie und doo spazier i au an Pfaue,
und zwoor z Midaag, grad wenn s als Zwelfi schloht,
wil i s so glunge find, e bitzli z bschaue,
was deert, wenn d Schuelen uus sinn, alles goht.
Linggs kemme d Maitli, rächts die junge Manne,
die gehn uff d Fährte wie der Winnetou,
und iber alli Drottoir uuse spanne
die erschte Fääde sich zuem Rendezvous.
   Und zmitts in allem Läärme kunnt mer soo – s isch wohr
   der Pfaue wien e Sunntigsmoorge-Doorfblatz vor.

I waiss es jo, i bin en alte Gnoche
und alles ander als e Philosooph.
Und doch, mir hänn syt jee in d Auge gstoche
Sanggt Peter, d Schipfi und der Lindehoof.
Und wenn au Sii jetz finde ganz im ghaime,
dass i jo aigedlig nit unrächt haig,
so isch s im Grund doch typisch – dunggt s mi naime –,
dass ych als Baasler Eich so Blätzli zaig.
   Der Baasler het halt alti Sache gäärn, was witt.
   Sogaar in Ziiri. Aadie, zirne Si mer nit!

Gämf

Bonjour Genève!

Scho uff em erschte Boulevard voller Lääbe,
wo d Lyt flaniere, wie wenn s Sunntig wär,
doo gisch es zue, nit ohni Widersträäbe:
so nonchalant, das fallt em Baasler schwäär.

Im erschte Pargg scho, d Sunnen uff der Naase,
stuunsch iber d Bluemebracht am blaue See,
und wien e Eelgetz stohsch im wyte Raase:
so eppis Feschtligs hesch no sälte gseh.

Die erschti Frau, wo dir entgeege schwänzled,
au wenn s e braavi Huusfrau isch, i wett:
si kunnt der vor, wenn si dur d Stroosse dänzled,
graad wien e Primadonna vom Ballet.

Bim erschte Beefsteak, zaart und ohni Gääder,
wo dir wie Angge waich der Hals ab laufft,
dänggsch ganz verstuunt: he nu, isch das denn Lääder,
wo men als z Baasel bi de Metzger kauft?

Bim erschte Striptease in der Bar am Oobe
speersch d Augen uff. Nai, mach si lieber zue!
Denn sunscht verliersch bi dääne Brachtsuusgoobe,
wo ummedanze, glatt dy Seelerueh.

Kurzum, vom erschten Augebligg aa waisch es:
s isch alles anderscht, und das macht konfuus.
Und wenn den ehrlig mit der bisch, so waisch es:
i kumm us däre fremde Stadt nit druus.

Und zwische schygge Däämli und Exoote
wirds der halt doch e bitzli gschmuech und myys.
Wo bisch denn, aarme Boppi, aanegroote?
Isch das Helveezie oder scho Paris?

Kumm, due nit dumm! Mer sinn nit bi de Haide.
Du bisch e Fiidlebuurger, doo draa lyt s.
Gämf isch e Stadt voll neie Lääbesfraide
und gheert – so guet wie Bettige – zuer Schwyz.

Quai du Mont-Blanc

Wie glunge, gmietlig uff em Bänggli z sitze
graad wien e pensionierte Brokurischt
und in der Sunne fuul e bitzli z schwitze,
wenn uff em See die wysse Säägel blitze
und lyycht e Windli iber s Wasser wischt.

Wie scheen der Summer z Gämf isch, doo kaaschs ahne.
Er isch voll Faarbe, Liecht und Bluemeduft.
Und als sy Zaichen und sy hälle Fahne
schwingt sich deert ääne iber de Blataane
der Jet d'eau silbrig in die blaui Luft.

Am Gländer lähne Kuurverains-Matroose
und sueche Fremdi fir e Fahrt dur d Bucht.
s het gnueg dervoo. In kurze Lääderhoose
stehn si am See und mache Leica-Poose.
«Kiek mal den Mont Blanc, Gert! Das is 'ne Wucht.»

Und ringsum jungi Mentsche, Laadeschwängel,
e weenig halbstargg, aber doch mit Charme.
und Maitli, blond wie Botticelli-Äängel.
m roote Muul e siesse Glace-Stängel
und d Däsche mit dem Baadzyg underm Aarm.

Und wien i lueg, verwachen alti Zyte,
von i studiert haa z Gämf e Summer lang.
gseh mi wider stolz am Ufer schryte,
syydig Gämfer-Geefli an der Syte.
und s Häärz voll Lääbesluscht und Iiberschwang.

etz sitz i bschaide doo, fang myni Grille
und lueg der Juuged, wo verbyy lauft noo,
ängg an die aigeni bi mir im Stille
und gseh si baidi dur my Sunnebrille
vyt hinde langsam um der Egge goh.

Promenade des Bastions

An der lange Wand im Schatte
der Calvin, e graue Maa.
Wasserspiil und Bluememuatte
bis zuer Uni äänedraa.
Hoochi Baim – als Baldachin
zwischen Uni und Calvin.

Uff de Stääge, Wääg und Blatte
isch der rainscht Studänte-Määrt:
Maitligschnääder, Flirt, Debatte,
Rehrlihoose, Buebebäärt.
Jeede het sy bsundre Spleen
zwischen Uni und Calvin.

Grytisch, äärnscht und sehr erhaabe
iber soone Mentscheschlaag
luegt der Reformaator aabe.
Gseht s nit uus, wie wenn er saag:
Gämf, wo blybt dy Disziplin
zwischen Uni und Calvin?

Zwoor, wenn s fir s Kolleeg het bimmled,
kaa s au still im Gaarte syy.
Graad no het s vo Mentsche gwimmled,
jetz isch Rueh und Harmonyy,
Vogelrueff und Sunneschyyn...
zwischen Uni und Calvin.

Gmietlig spritzt e Gäärtner d Blueme
und wischt s Laub furt vo der Nacht.
Kinder spiile, Fraue mueme,
und e digge Bappe macht
Jääglis mit sym Benjamin
zwischen Uni und Calvin.

Soll der Reformator draume,
d Wält syg besser gsi emool!
Duu losch di vom Summer gaume
und es wird der lyycht und wohl
zwische Roose und Jasmin,
zwischen Uni und Calvin.

Bourg-de-Four

I lauff am Moorge duur die alte Gasse
und find e Blatz, wo wingglig, in Terrasse
zmitts in de hooche, schmaale Hyser lyt.
Geraanie lyychte vor em alte Brunne,
und uff em Pflaschter spiilt die waarmi Sunne:
e Helgen us der gueten alte Zyt.

Vorusse vor der Bar dringg i e Kaffi
und ungeniert, als wär i Gämfer, gaff i
und lueg, was uff däm Blatz sich ummedrybt.
Vor mir am Boode ruugele zwai Katze,
und uff mym Dischli waarte braavi Spatze,
ob eppis vo mym Croissant iibrig blybt.

En Advokaat goht wiirdig zuem Plädiere.
E Grippli jungi Lyt, wo sott studiere,
spaziert vergniegt s gääch Gässli ab zuem See.
Und d Hyser zringsum glychen alte Daame,
wo gäärn e bitzli noobel dien, das kaa me
scho an de vonähm änge Fänschter gseh.

Der Antiquar het syni siibe Wunder
uff s Drottoir gestellt, er het nit numme Blunder,
me finded deert au männgen alte Schatz.
Am Fänschter stoht mit Gryyde: «Ventes et achats»,
derhinder hoggt e Männli wien e Pascha
und blinzled zfriiden uuse uff der Blatz.

Hemdseermlig kunnt e Bolizischt go lauffe.
Me kennti maine, er wott Gmies go kauffe
und draag sy Helm graad numme so zuem Gspass.
Und richtig, glyy druff aabe gsehsch en ääne
bim «Schuggerbaizli» an der Diire lähne,
er suecht e baar Kolleege fir e Jass.

I meergg s: dä Bourg-de-Four gfallt mir unändlig:
zmitts in der Stadt und doch e bitzli ländlig,
s alt Gämf und doch e Spuur vo Montparnasse.
Und jetz, wie wenn er wott dä Moorge loobe,
deent hooch im Durm als Gloggespiil von oobe
der «Ranz des vaches» und glingeled dur d Gass.

Au yych kaa an däm hälle Daag nit schwyyge.
I loss e «Lioba» bis zuem Himmel styyge,
so häärzhaft lut, dass es das Blätzli weggt.
Dno mach i mi, was gisch was hesch, uff d Sogge
und gseh no, wie der Schugger ganz verschrogge
sy roote Kopf zuem Baizli uusestreggt.

Coppet

S alt Doorf duruff, im lyychte Summerrääge,
wo silbrig-grau uff d Dächer aabe spritzt,
fiehrt di der Wääg de Gässli noo und Stääge
zuem glaine Schloss, wo uff em Hiibel glääge
us dunggle Baim und Efeu uuseblitzt.

Im Huus isch s kiehl und duschter wägem Wätter.
Der Custos git e gschichtlig Exposé;
und alles wäär e ganz e bitzli nätter,
wenn er nit gar so noobel däät, als hätt er
d Madame de Staël no sälber kennt und gseh.

Am liebschte wurd er s haa, me giengt in Fungge
und lipf der Huet vor jeedem Requisit;
und findsch emool e Bild en alte Schungge,
so griegsch e Bligg, als gheersch zue de Halungge,
wo Coppet ghasst hänn in der Näppi-Zyt.

Und doch erläbt me bi sym Ummefiehre
e Wält voll Zauber und Melancholyy;
und het me Mieh, en alte Brief z kapiere,
us sym Gidächtnis duet er en zitiere
und macht vor Riehrig d Auge zue derbyy.

Im Pargg vorusse ootmisch wider freier.
Und uff em Haimwääg bsinnsch di häär und hii,
wie doch das Schlessli doo im Räägeschleier
mit sym verdraumte Hoof und stille Weijer
emool «la capitale du monde» isch gsii.

Im glaine Bahnhoof gohsch in Waartsaal yyne.
E Muusig-Käschtli findsch us alter Zyt.
E Däämli drillt sich in der Krinolyyne.
Noochdängglig loosisch uff die Deen, die fyyne:
charmant und doch, wie wyt ewägg, wie wyt…

La bise

Geschter isch der Himmel dunggel,
wulggig gsii und räägegrau.
Scho isch wider Sunnegfunggel,
Meeweflug und Summerblau.

D Bise het der See ab pfiffe
und der Himmel glänzig gwischt.
D Säägelschiffli gehn wie gschliffe,
und am Quai isch Wind und Gischt.

D Maitli heeben ihri Reggli.
Alles zringsum blitzt wie nei.
Suuber ischs im letschten Eggli,
d Stroossebutzer hänn hit frei.

Jeedes Huus isch duuregluftet.
Gämf, bisch wider butzt und gstrählt!
Und wär jetz im Dunggle schuftet,
het dy scheenschti Zyt verfählt.

Graad no dieff im Grau verschloffe,
wo kai Sunne duuredringt,
und doch gly em Lääben offe,
wo der Wind vo wythäär bringt.

Losch der Stuurm dur d Gasse bloose,
greftig und voll Ibermuet,
und doch bliehje niene d Roose
stiller als in dyyner Huet.

Und wenn ain dy Häärz het gwunne,
dä nimmsch mit dym ganze Charme,
Stadt im Wind, Stadt in der Sunne,
wien e scheeni Frau in Aarm.

Hamburg

Ankunft

Im nassen Basel denkt man schon ans Heizen.
Wie soll mich da die Fahrt nach Hamburg reizen?
Wenn's hier noch Herbst ist, wird dort Winter sein?
Am grauen Abendhimmel hängt der Regen,
die ersten Tropfen schlagen mir entgegen,
leicht fröstelnd steig' ich in den Nachtzug ein.

Und steh' am Morgen unterm hellen Himmel
am Alstersee, im Rücken das Gewimmel
der weiten, lebensvollen Hansestadt.
Das Wasser blinkt, wohin die Augen schauen,
die Yachten gleiten schwanenweiss im Blauen,
der Herbstwind spannt die hohen Segel glatt.

Wo sind die Wunden, die in schweren Tagen
der grausam harte Krieg dem Land geschlagen?
Ist's nicht, wie wenn die Stadt dem Phönix gleicht,
in Schutt und Qualm der Bombennacht verloren
und jetzt mit stolzen Türmen neu geboren,
um die die Luft vom nahen Meere streicht?

Fürwahr, zu einem königlichen Feste
lädt dieses Hamburg seine vielen Gäste
im goldnen Morgenlicht an seinen Tisch.
Fast wird's mir bei dem rauschenden Willkommen
ein wenig zag' zu Mute und beklommen;
wie gross ist alles und verschwenderisch!

Und doch, steh'n mir auch offen alle Türen,
so schnell lässt sich der Basler nicht verführen,
bleibt nüchtern wie ein dürrer Philosoph.
Und drum – die Heimat ja nicht zu vergessen –
geh' ich nun doch zum ersten Mittagessen
(rein prophylaktisch) in den… Basler Hof.

Mein Buddelschiff

Ein kleines Schiff, im Flaschenbauch geborgen,
bei einem Antiquar gekauft zum Spleen,
Andenken an die Fahrt durch See und Morgen,
so steht's bei mir zu Haus' auf dem Kamin.

Das Buddelschiff, wie sie's in Hamburg heissen,
glänzt lockend zwischen meinem alten Zinn
und ruft mit seinem Funkeln, seinem Gleissen
mir das Erlebte wieder in den Sinn.

Die Bilder, die im Grund der Flasche schlafen,
ich spür, wie ich sie langsam wieder find',
und jene Fahrt durch Hamburgs weiten Hafen
erleb' ich neu im salzig frischen Wind.

Ich höre wieder, wie mit schrillen Tönen
durch Hafenschlünde die Sirene gellt,
hör' von den Werften her das harte Dröhnen,
Signal der Arbeit über Meer und Welt.

Ich seh' die Boote schiessen und Barkassen,
grünweisse Wellen um den schnellen Bug,
seh' wieder, wie ein Hochseeschiff gelassen
zum Meere treibt durch Rauch und Mövenflug.

Vielfalt des Hafens! Dort ein schwarzer Bagger,
der emsig Furchen in die Elbe reisst,
possierlich klein und doch teutonisch wacker...
Wie reizend, dass der Brave «Wotan» heisst!

Und tönt der Name «Senior» nicht beschaulich?
Ein runder Kahn, zurück aus Afrika;
ein wenig müde, schaukelt er nun traulich
just neben einer schlanken «Fatima».

Und – unvergesslich Bild für den Poeten –
ein Segler, weiss, mit Namen «Pegasus»,
Traumschiff zum Flug nach anderen Planeten,
in Gischt und Sonne heller Genius!

Erregend Spiel in tausend Varianten!
Wer schaut sich nur an diesem Zauber satt.
Und über allem leuchtet diamanten
St. Michaelis, Turm und Mast der Stadt.

Hamburger Hafen, hellstes Ziel der Reise,
nie werd' ich deinem stolzen Klang entfliehn,
und immer wieder ruft und lockt es leise
aus meinem Buddelschiff auf dem Kamin.

Reeperbahn

Bumsmusik im wilden Tosen,
Hippodrom und Schleiertanz.
Freudenhimmel der Matrosen,
Ankerplatz des Heimatlosen,
Grossstadtpracht und Firlefanz.

Bunt Gefunkel der Reklamen,
Flitter, Neonlicht und Krepp.
Ringkampf sogenannter Damen,
Haremsfilm mit kühnem Namen,
Grosse Freiheit, kleiner Nepp.

Seemannsdeutsch und fremde Zunge,
Neger und Matrosenbraut,
Bürger auf dem Seitensprunge,
Welt in Wachs und Welt im Schwunge,
Frau aus Plastik, Frau aus Haut.

Portiers stehn gleich Admirälen
prunkvoll vor der kleinsten Bar.
Was sie flüsternd dir erzählen,
kannst du ganz getrost erwählen;
meistens ist die Hälfte wahr.

Treibt es dich zu neuen Taten,
tätowier' dir deinen Bauch!
Lass' im Keller der Piraten
dir dein Horoskop verraten;
nach fünf Whiskys glaubst du's auch.

Schmeiss' dein Geld in diesen Krater,
spiel' den kleinen Aga Khan!
Nach dem Rummel und Theater
wartet dir ein schwarzer Kater
als das Ende vom Roman.

Dennoch aber, im Vertrauen:
sind auch Geld und Nacht vertan,
einmal auf die Pauke hauen
bis zum frühen Morgengrauen,
das gehört zur Reeperbahn!

Planten un Blomen

Der Stadtplan spricht von einem Park und Garten.
Was wird dich, Fremdling, Bess'res hier erwarten
als Blumenbeete zwischen Grün und Kies?
Gemach, mein Freund! Hier blüht ein farbig Wunder,
und zwischen Silberweide und Holunder
führt dich der Weg direkt ins Paradies.

Da findest du von dieses Herbstes Gnaden
die Wiesen, wie in schäumenden Kaskaden,
mit tausend bunten Blumen weit besät.
Und wenn in überblühten Wandelgängen
dir Rosen vor dem blauen Himmel hängen,
wo ist das Herz, das solche Lust verschmäht!

Gönn' dir die Musse! Unter alten Bäumen
darfst du in grüner Stille lange träumen;
kein Ruf der Weltstadt dringt bis in dein Reich.
Und dort, inmitten üppiger Lianen,
magst du den Duft der Lotosblume ahnen
am kleinen, dämmerdunkeln Dschungelteich.

Doch steht dein Sinn nach andern Lustbarkeiten,
lass' dich getrost von deinem Leichtsinn leiten;
in diesem Garten gibt's der Freuden viel.
Fontänen springen leuchtend aus den Seen,
Musik klingt im Café der Orchideen,
und jubelnd fahren Kinder Ringelspiel.

Und in der italienischen Taverne
denkst du sogar ein wenig an die Ferne;
dein Tisch am See steht wie an Meeresflut.
Heisst auch der Kellner «Kurt» und wirkt germanisch,
die Luft um dich ist doch venezianisch
und der Espresso südlich schwarz und gut.

Gewiss, mein Freund, du wirst es mir gestehen:
es lohnt, in diesem Park sich zu ergehen.
Wie schön, dass uns der Tag als Gäste lud
in dieses weite, üppige Theater,
Gemisch aus Märchenland und Wurstelprater
mit einem Make-up à la Hollywood.

Nächtlicher Heimweg

(in den Schuhen von Erich Kästner)

Der Vollmond scheint, als sei es ihm befohlen,
und wirkt von weitem wie ein Stück Konfekt.
Die Nacht geht leise wie auf Gummisohlen
und tut dabei, als hab' sie wer erschreckt.

Die Ladenfenster schweigen um die Wette,
die Luft ist bittersüss wie Pfefferminz,
die lauten Autos gingen längst zu Bette,
die Grossstadt Hamburg spielt heut' nacht Provinz.

Ein einsam Fräulein lockt mit seinen Netzen;
es lächelt lieblich, wenn auch nicht spontan.
Wär' ich Matrose, würd' ich Anker setzen
auf dieser ganz privaten Reeperbahn.

Der Schweizer aber lebt nach festen Regeln
und lieber senkrecht als horizontal
und, statt auf einem fremden Meer zu segeln,
bleibt er zu Haus' und ausserdem neutral.

Ich mach' die Luken zu und steure weiter,
lass' meine Nixe mit dem Mond allein
und lauf' im Gasthof unversehrt und heiter
als einem sichern Binnenhafen ein.

Abschied vom Jungfernstieg

Die kleinen weissen Dampfer knattern
vergnüglich zwischen Ufergrün.
Die Sonne blitzt, die Fahnen flattern.
So feiert heut' in buntem Glühn
ein Herbsttag seinen schönsten Sieg
am Sonntag auf dem Jungfernstieg.

Es spiegeln sich im weiten Kranze
die Kaufmannshäuser in der Flut.
St. Petri grüsst im Morgenglanze
und nimmt die Stadt in stolze Hut.
Vergessen Trümmer, Not und Krieg
am Sonntag auf dem Jungfernstieg.

Und ringsum Lachen und Flanieren!
Das Herz wird wohlgemut und warm,
und in der Lust am Fabulieren
spür' ich der Stunde heitern Charme.
Mein froher Sinn, steig' auf und flieg'
am Sonntag auf dem Jungfernstieg!

Du Stadt der Strömung und Gezeiten
im Spiel von Wolken, Wellen, Wind,
dein helles Bild wird mich begleiten,
bis ich dich einmal wiederfind'
und deinem Zauber neu erlieg'
am Sonntag auf dem Jungfernstieg.

Schwarzwald

(Briefe aus einer Sommerkur)

Mein lieber Freund! Vor etwa zwei, drei Wochen
kam ich ins Kurhaus hier als Badgast her.
«Das tut Dir gut, pfleg' Deine alten Knochen»,
so hast ein wenig spöttisch Du gesprochen
und fuhrst dann selber wohlgemut ans Meer.

Du schickst mir Grüsse aus der blauen Ferne
und schreibst vom Meer, das schimmert wie Opal.
Hier gibt's nur Badewanne und Zisterne,
und alles schmeckt ein wenig nach Kaserne;
der Kurarzt war bestimmt einst Korporal.

Er liess am ersten Tag mich zu sich kommen.
Vor seinen Blicken ahnte ich: jetzt gilt's!
Ich war gesund und wurde doch beklommen
und spürte unversehens und verschwommen
Schmerz an der Leber. Oder war's die Milz?

Und seither leb' ich nach der Badekarte.
Kaum dass die Hähne krähen und es tagt,
erheb' ich mich vom weichen Bett und starte.
Dazwischen ruhe ich erschöpft und warte,
bis man mich wieder in die Wanne jagt.

Und ach, wo bleiben Pommes frites und Burgunder?
Den andern Gästen ist's wohl einerlei;
denn was im Haus herumläuft – rund und runder –
an Mustern für das deutsche Wirtschaftswunder
isst lammfromm Joghurt oder Möhrchenbrei.

Lass' ja Dir Dein Risotto nicht verdriessen!
Wie sehnt mein Magen sich nach solchem Plus!
Und noch etwas… doch halt! Ich muss jetzt schliessen.
Mich ruft die Kur! ich hör' die Lauge fliessen!!
In grösster Eile
                    herzlich
                                    Blasius

Mein lieber Freund! Du schilderst Wasserspiele,
die Ihr am Meer mit Euren Kindern treibt.
Auch hier gibt es der nassen Künste viel;
nur dienen alle einem höhern Ziele,
und wer sie spielt, ist meistens sehr beleibt.

Nichts gegen Kneipp! Und dennoch – Gott behüte –
hat dieser Mann ein nasses Renommee!
Denn schon in seiner Sünden Maienblüte
entdeckte er für uns in feuchter Güte
den Wassersprudel und den Malzkaffee.

Betret' ich morgens früh mit leisem Ahnen
– schlaftrunken noch – den Kur- und Baderaum,
schon quillt's ringsum aus Schläuchen und aus Hahnen,
und mitten unter zackigen Germanen
steh' ich im Schwefeldunst und Wasserschaum.

Da schiessen Wasserstrahlen gleich Raketen
von allen Seiten, eisigkalt und heiss.
Hier lässt sich einer seine Waden kneten,
dort übt man emsig sich im Wassertreten,
im letzten Bottich schwitzt ein Jubelgreis.

Dich, Freund, würd' dieses Bild sofort verscheuchen.
Die Grazien sind hier wirklich nicht zu Haus.
Stell' Dir Teutonen vor mit runden Bäuchen,
die, wenn der Strahl sie trifft, vor Schlottern keuchen...
Jung Siegfried sah bestimmt einst anders aus.

Der Bademeister schreitet durch die Hallen
gleich einer Hoheit, nur im Négligé.
Erscheint er, hört man aus den Wannen allen
im Chor ein lautes «Guten Morgen» schallen,
als trät' ein General vor die Armee.

Verbindlich zwar ist meistens sein Gehaben;
doch wenn die Kunden meckern, hei, dann knallt's!
Ein Kaltguss! Dann erst dürfen sie – wie Knaben –
aus ihren Wannen und zum Frühstück traben.
Was Frühstück? Nee! Heut' bleibt's beim Badesalz!

Zwei Tage freilich streikte dann das Wasser,
und aus war's mit des Meisters strenger Zucht.
Nur noch der Kurarzt schwitzte und ward blasser.
Und ach, der Jubelgreis! Bleich sass im Fass er
und kam mir vor wie eine Trockenfrucht.

Ich kure auch. Doch sag ich's unumwunden:
ich üb' nach meiner Art den Wechselguss.
Für meine «Kneippkur» in den Abendstunden
hat sich ein alter Moselwein gefunden.
Na Prösterchen!

           Es grüsst Dich

                Blasius

Mein lieber Freund! Hier stände es zum Besten,
säh' nur das Wetter etwas heller aus.
Der Wirt befürchtet schon die Flucht von Gästen;
nach einem Tag drum, einem kühl-durchnässten,
erschien zum Trost ein Zauberer im Haus.

Sein Frack war alt und gleichfalls der Zylinder
auf seinem schüttern, graumelierten Haar.
Zwar gab er sich dem Namen nach als Inder;
doch sah es jeder gleich, sogar ein Blinder,
dass er ein Schwabe aus der Gegend war.

Gleich zu Beginn schon fing er an zu schwitzen;
mich kam ein lächerliches Mitleid an.
Vergeblich suchte er mit müden Witzen
die flauen Gäste künstlich zu erhitzen.
Abrakadabra! Und der Kampf begann.

Erst plagte er sich ab im Spiel mit Eiern;
auf seinem biedern Antlitz stand der Gram.
Die Stimmung blieb im ganzen Saale bleiern;
denn nur ganz selten konnte er verschleiern,
dass er die Eier aus dem Ärmel nahm.

Mein Nachbar lachte leis. Mir ging's zu Herzen.
Was half's! Es lief so weiter im Programm:
Spielkarten, Zaubersack und Wunderkerzen,
kurz, was es gibt an Unterhaltungsscherzen,
seit Noah einsam in der Arche schwamm.

Was hielt er wohl für seinen Clou? Ich glaube,
es war der Zauber mit dem Spiegelei.
Beglückt hob er vom Kochgeschirr die Haube,
und sieh', da sass die altvertraute Taube;
auch sie war schon bei Noah mit dabei.

Auch Horoskope gab's wie zu erwarten;
wer sich ein Dutzend nahm, bekam Rabatt.
Dazu noch selbstsignierte Ansichtskarten
von einer Gastspielfahrt nach Hinterzarten.
Im ersten Weltkrieg war's. Sapienti sat.

Als es zu End' ging, war die Stimmung heller.
Der Meister, schüchtern wie ein Konfirmand,
ging noch im Saal herum mit seinem Teller,
fand neben Hosenknöpfen ein paar Heller
und bot sein bestes Kunststück: er verschwand.

Im Horoskop las ich beim Schlafengehen,
es blühe mir ein seltener Genuss.
Ich glaub' es kaum, und doch könnt' es geschehen:
wir werden morgen kurz die Sonne sehen.
Abrakadabra!

                    Herzlich

                              Blasius

Mein lieber Freund! Ich lass' Dich ruhig prahlen,
wie Dir die Sonne auf den Rücken brennt.
auch hier fängt nun der Sommer an zu strahlen.
Vergnügt geht jetzt in Shorts und in Sandalen,
wer barfuss nicht für Kneipp im Grase rennt.

Der Highlife-Rummel ist zwar nicht zu finden,
der Dir am Meer so sehr am Herzen liegt.
Wie müsstest Du Dich, Armer, überwinden,
den Kurort anzuseh'n, der unter Linden
– ein Städtchen fast – ins nahe Tal sich schmiegt.

Weidland ringsum mit Kühen und mit Schafen
(ich hör' Dich schon: als Golfplatz ideal),
die Gassen winklig, eng und fast verschlafen…
und doch erfreute uns, was wir da trafen,
wie ein Idyll von anno dazumal.

Wie passt zum Bild doch alles hier und jedes!
Wie gern ist hier die alte Zeit zu Gast!
Geruhsam geh'n die Leute noch per pedes
und dreh'n sich um, kommt einmal ein Mercedes.
Ein Dröschklein wartet müd' im Sonnenglast.

Konzert im Park. Lass Dich dazu verleiten!
Zehn Pfennig Eintritt, nun, das fällt nicht schwer.
Der Geiger streicht elegisch auf den Saiten.
Man sitzt und lauscht den Kurortneuigkeiten
und einem Potpourri von Meyerbeer.

Nimm später Platz auf der Hotelterrasse,
auf der als Schmuck ein weisser Amor steht.
Ist auch der Kuchen staubig, fad die Glace,
wie reizvoll ist der Blick doch in die Gasse,
wo jetzt das Kurvolk plaudernd sich ergeht.

Aus drei Jahrzehnten siehst Du alle Moden,
wie einem alten Bilderbuch entflohn.
Und dort: der greise Herr im grünen Loden
– der Portier bückt sich vor ihm fast zu Boden –
ist dieses Städtchens Stolz: ein Herr Baron.

Hör' nur, was flüsternd sie sich von ihm sagen:
Er trug den bunten Rock, war ein Ulan,
fuhr noch mit Willem zwo im off'nen Wagen…
Jetzt kränkelt er ein wenig, spürt den Magen
und lebt von Milchkaffee und Baldrian.

Unwirklich ist's wie eine Operette,
Dreivierteltakt im schönsten Jugendstil:
das kleine Schloss mit Mörser und Lafette,
die Bar mit der verblühten Chansonette,
der Plüschsalon mit Bismarcks Federkiel.

Ach, lieber Freund, man soll nicht immer meinen,
nur in der weiten Welt sei Überfluss.
Wie oft kann doch im Nahen und im Kleinen
der Zauber dieses Daseins uns erscheinen!
Leb wohl!
                    Dein antiquierter
                                Blasius

Mein lieber Freund! Dass Ihr mich tief bedauert,
ist mir schon lang' aus Euren Karten klar.
Ein alter Herr, der in der Kur versauert
und zudem langsam auf dem Land' verbauert,
so stellt – ich weiss – mein Bild für Euch sich dar.

Nun gut. Man kann gewiss darüber spotten,
was ich an Ferienfreuden mir erkor.
Treff' ich Euch wieder, braun wie Hottentotten,
und denk' zurück an die Diät-Karotten,
komm' ich mir selbst wohl etwas komisch vor.

Und doch! Mein Ferienort sei hoch gepriesen.
Noch wisst Ihr gar nicht, was ich Schönes sah:
die dunkeln Wälder in den grünen Wiesen,
die Bauernhäuser mit den hellen Fliesen,
das Dorf am Berg, dem weiten Himmel nah.

Hat man als Städter nicht verlernt zu gehen?
Hier schweift man frohen Mutes kreuz und quer,
entdeckt verträumte Weiher, tritt den Rehen
am Waldrand unversehens auf die Zehen
und isst die wilden Himbeerstauden leer.

So schritt ich manchen Tag vergnügt von dannen.
Weit weg verklang des Bademeisters Fluch.
Was half sein Droh'n mit Schläuchen und mit Kannen!
Ich sass am Hang und schaute über Tannen
ins Land wie in ein aufgeschlagen Buch.

Bald geht's nach Haus'. Ich leer' den letzten Humpen
aufs Wohl von Kneipp und seiner Feuchtigkeit,
verschenk' dem Kurarzt meine Schweizer-Stumpen
und lass das Herz noch einmal voll sich pumpen
mit Sommerfreude und Zufriedenheit.

Am nächsten Stammtisch werd' ich mehr erzählen.
Was macht Dein Zipperlein? Ich bin im Schuss.
Fürs erste Menu werd' ich Pommes frites wählen.
Vielleicht musst Du Diät-Karotten schälen?
Auf Wiedersehen!

                Herzlich   Blasius

Doo und deert

Elsassfährtli

Kuum hesch d Gränzen in dym Rugge,
kuum foosch fremdi Luft aa schlugge,
gseht scho alles anderscht uus.
Frische Wind waiht dir um d Ohre,
und de bisch wie nei giboore,
vor em Alldaag nimmsch Ryssuus.

Alti Deerfer, stilli Wälder,
äänen an de braite Fälder
funggled silberwyss der Rhyy.
D Sunne schynt, dur blaui Wyte
heert me Kiircheglogge lyte...
Wo kaa s hit so friidlig syy?

Was di blogt het, losch wyt hinde,
langsam gspyyrsch dy Schwääri schwinde,
sich z vergässe, isch so scheen!
Und no vor der erschte Fläsche
steggsch dy Schwyzerhäärz in d Däsche
und e Gauloise zwische d Zehn.

Gsehsch die Gäns doo vor dym Waage?
«Foie gras» dänggsch und gspyyrsch der Maage.
Froog gschwind, wär e Baizli kenn!
Und scho fraisch di, du Schlawiner
uff e Scheppli Gwirztraminer
und e «Choucroute alsacienne».

Zoobe hesch e lyychte Drimmel.
Ischs vom Wyy, vom wyte Himmel?
Schwätzisch dumm, gscheht s nit mit Flyss.
s kunnt halt in der douce France
jeede Baasler in e Trance.
Güete Bonjour, Schampedyss!

Glettere-Beedli

Mues i die Iiberschrift eich zerscht erglääre?
E Kuurhuus isch s, s haisst «Stäärne» oder «Bääre»,
ganz ab der Wält, wyt hinden in der Schwyz.
De fahrsch bis Duntige im alte Beschtli,
deert nimmsch der Fuesswääg und vorhäär e Meschtli,
linggs iber d Holzbrugg, und bim Wäldli lyt s.

Modäärn isch s nit, vo Luxus kaasch nit reede.
D Baadwanne rinnt, und s gnaart in alle Beede,
der bläächig Giggel uff em Dach het Roscht.
Us Pensées stoht «Willkommen!» vor der Diire,
z Nacht git s zuem Ässe männgmool kochti Biire,
und heggschtens jeede zwaite Daag kunnt Boscht.

Im «Dufour-Stiibli» isch es sträng hischtoorisch;
me sait, dass syner Zyt – wär waiss, ob s wohr isch –
der Dufour deert e Dreier drungge het.
Jetz drifft me haimeligi alti Wyybli,
die spiile Halma oder strigge Lyybli
und gehn, wenn ain e Bier bstellt, straggs ins Bett.

Was drybsch? De bschausch am Haag die wilde Roose,
gohsch ääne bi der Flueh go s Echo loose,
spaziersch zuer Grotte und zuem Wasserfall.
Am Waldrand sitzisch uff dym alte Bänggli,
und waiht dur d Oobeluft e muffig Gstänggli,
isch s d Schwääfelquelle hinderm Gaissestall.

Sunscht hesch s biquäm und schlooffsch in waiche Better,
und so vergissisch mit der Zyt der Stedter
und alles, won im Lääben usse goht.
De wirsch so bschaide, sammlisch Stai und Pflänzli,
draisch kai Grawatten und derfiir e Ränzli
und stryychsch der Angge digg uff s Buurebroot.

186

Und doorum gang au ych an männge Sunntige
vergniegt ins Schwääfelbeedli hinder Duntige.
Und wenn mi d Aarbed d Wuche duure frisst
und i im Biro in den Aggte blettere,
so syfzg i still: ach, wäär i doch e Glettere,
wo jetz im Beedli kochti Biiren isst!

Suuser und Nuss

s Glaas voll Suuser, neie, siesse,
und e Hampfle Nuss derzue…
besser kaasch der Daag nit gniesse,
Gscheiters kaasch im Herbscht nit due.

s Baizli schmeggt no Rauch und Stimpe,
und im Egge siirpflet ain.
An der Wand stehn alti Himpe,
hinde hängt der Durnverain.

D Sunne drepflet uff my Bänggli.
D Wirtsfrau lacht und wintscht mer «proscht!»
Vo de Matte kunnt e Gstänggli,
Gillen oder Epfelmoscht.

Vor em Fänschter rusche d Bueche,
inne kennt s nit stiller syy.
Uff em alte Mandlekueche
schlooft e miedi Fliegen yy.

D Nuss mit ihrer herbe Syyri
basse heerlig zue mym Wyy,
und die ganzi Wält – das gspyyr i –
soll mer hitte gstohle syy.

Besser kaasch der Herbscht nit gniesse,
nyt git soo der Fraid und Rueh
wien e Glaas voll Suuser, siesse,
und e Hampfle Nuss derzue.

Jodlerdoppelquartett

Sie stehen trutzig auf der Bühne oben,
als wären sie geschnitzt aus Brienzer Holz,
vom Schweizer Heimatwerk acht Musterproben,
ein kleines Häuflein edler Männerstolz.

Sie wissen wohl, was sie als Sänger taugen.
Das Singen ist nicht Freude, sondern Pflicht.
Sie schauen angestrengt sich in die Augen
und haben den Vereinsernst im Gesicht.

Sie tragen Älplertracht, weil dies so schicklich,
und Sennenkäppli. Welch ein Augenschmaus!
Und wären sie nicht vorn herum so dicklich,
säh'n sie beinah' wie echte Sennen aus.

Der Solojodler gurgelt mit den Tönen,
die andern brummeln voll Gefühl im Bass.
Vor lauter Rührung werden mancher Schönen
im Publikum die hellen Äuglein nass.

Sie singen von der Jungfrau und dem Niesen
und von der Sonne, die frühmorgens lacht.
Wenn froh wir (oder müd') die Augen schliessen,
so tönt's wie Schweizer Fernseh'n Samstag nacht.

Der Beifall rauscht. Man will Dacapos haben.
Das doppelte Quartett dankt voller Ruh'.
Dann wenden sich die braven Sängerknaben
dem Doppel-Liter (mit Dacapos) zu.

Kleinstadt-Variété

Man darf an weissen Wirtshaustischen sitzen.
Frau Meier prangt im neu'sten Sonntagsstaat.
Vergeblich sucht mit leicht mondänen Witzen
der Komiker die Stimmung zu erhitzen.
Der Saal bleibt kühl und schmeckt nach Wurstsalat.

Hold lächelnd zu den Herr'n, die Sperrsitz zahlten,
hüpft jetzt Miss Lou als «Dame Rokoko».
Dass sie sich müht, ein Tänzlein zu gestalten,
erkennt man leicht an ihren Kummerfalten,
sei es im Antlitz, sei es anderswo.

So speckig wie sein Frack, doch voller Seele
erscheint ein Sänger (ehmals Oper Trier).
Er singt, dass ihm ein Weaner Madel fehle,
und spendet reichlich Knödel aus der Kehle.
Der Beifall ist noch lauer als mein Bier.

Jetzt knacken die Gelenke und die Bühne,
dieweil Herr Herkules die Hanteln packt.
Und ist auch Schweiss der harten Arbeit Sühne,
verbissen lächelnd zeigt zum Schluss der Hüne
– erstmals Europa! – einen Zahnkraftakt.

«Bleib bei mir» hört man die Kapelle klagen.
Die Geige tönt so falsch wie dieser Rat.
Was nämlich bei mir blieb, war während Tagen
nur eine kleine Übelkeit im Magen
als Folge von dem ganzen Wurstsalat.

Ferienhotel im Regen

Erst tröpfelt's, dann beginnt's zu giessen,
und nässlich wird das weite Land.
Vom vordern Älpli bis zum Niesen
steht eine graue Wolkenwand.

Man holt den dicken Wollensweater,
verschluckt zwei Pillen Redoxon
und setzt sich, Blick zum Barometer,
leicht fröstelnd in den Plüschsalon.

Ein Schläfchen übermannt den einen,
den andern hält der Radio wach.
Man spielt Schwarz-Peter mit den Kleinen
und kriecht den Pingpong-Bällen nach.

Ein Stündlein ist man also fleissig,
dann spürt den Eifer man vergeh'n.
Den «Life» vom Jahre 39
hat man schon gestern durchgeseh'n.

Man sitzt und gähnt. Drauf starrt man grämlich
durch's Fenster in die Wassernot.
Gottlob, es gongt. Man seufzt vernehmlich
und stürzt sich auf die Table d'hôte.

Freund Petrus gilt gar manche Klage.
Auch was der Wirt verheisst, erbost;
hier regnet's meist nur fünf, sechs Tage,
ist schliesslich kaum ein grosser Trost.

Zum Tee erscheint mit einem Ländler
das Kurkapellchen im Hotel;
das Menu geht vom «Vogelhändler»
bis «Papa Haydns Zauberquell».

Noch rasch zwei Karten heimgeschrieben
als Zeichen und als Kommentar
für Freunde, die zu Haus' geblieben,
wie gern man in den Ferien war.

Das Bett wird abends zur Oase,
doch ehe noch das Licht erlosch,
spürt man den Schnupfen in der Nase
und flucht dem Schweizer Wetterfrosch.

Und schläft, bis dann am frühen Morgen
den Gast, der sich zur Ruh' gestreckt,
zum Tag voll neuer Wettersorgen
das wohlvertraute Plätschern weckt.

Kurort beim Abräumen

Die Tage werden kühl, die Nächte länger,
am Berg zeigt sich die Spur des ersten Schnees.
Die Hoteliers, sonst prima Fremdenfänger,
seh'n heute schwarz und blicken bang und bänger.
Am Bahnhof gibt's fast keine Arrivées.

Im Kurorchester ist der Sänger heiser,
sein müder Kehlkopf harrt der Ruh' und Rast.
Auch im Hotel tönt, was sonst lärmte, leiser.
Der Concierge wirkt wie ein entthronter Kaiser
und bückt sich gern vor jedem Trinkgeldgast.

Wenn's alle Tage regnet und gewittert,
verliert das Bad im Bergsee auch den Charme.
Der Gast aus Deutschland nur schwimmt noch erbittert
und meldet, wenn er auch vor Kälte zittert:
«Mensch, is det Wasser in der Pfütze warm!»

Das ganze Sportsgetriebe kommt ins Stocken.
Der Tennistrainer sitzt beim Kaffeejass.
Der Bazar zeigt die ersten Wintersocken;
im Tea-Room wird der Kuchen langsam trocken,
dafür ist jetzt das Klima feucht und nass.

Die Portiers, die sich an den Bahnhof stellen,
sind schlecht rasiert und ziemlich saison-matt.
Der Wirt verkauft den Rest an Bachforellen
und der Friseur die letzten Dauerwellen;
vom ersten Dutzend an gibt's jetzt Rabatt.

Die Gäste zieh'n dem Tale zu in Horden.
Ich schliess' mich an, auch wenn's im Grund mich reut.
Und doch: was soll ich frieren wie im Norden!
Ich spür's: der Sommer ist so frisch geworden,
dass mich die Sommerfrische nicht mehr freut.

Engel in Skihosen

Am breiten Hügel übt die Skischulklasse
Herr Emil Stemm ist mit von der Partie.
Er knorzt sich ab, aus Pflicht mehr als zum Spasse,
bemüht vergeblich sich um Schwung und Rasse
und geht mit leisem Seufzen in die Knie.

Da saust auf einmal mitten durchs Gedrängel
ein Mädchen, strahlend jung im Sonnenlicht,
schwebt leicht hernieder wie ein schöner Engel,
bezwingt den langen Steilhang ohne Mängel,
ein letzter Schwung, schon ist es ausser Sicht...
Stemm reibt die Augen aus, und voll Entzücken
starrt er ihr nach, der holden Hosen-Fee.
Er weiss es wohl, so wird's ihm niemals glücken,
denkt kleinlaut an den eig'nen müden Rücken
und pflügt das nächste Böglein in den Schnee.

Wart's ab! Ein Engel ist in unsern Breiten
nicht gar so heilig. Geh drum Schritt für Schritt!
Zeigst in der Bar du deine besten Seiten,
lässt sie sich doch – zwar nicht per Ski – begleiten
und nimmt dich in den siebten Himmel mit.

Der Skilehrer

Roter Shawl und weisse Weste,
tannenschlank und negerbraun,
Zentrum aller Kurortsgäste,
Abgott aller hübschen Frau'n.

Grosse Herr'n und kleine Kinder,
alle gehn vor ihm ins Knie.
Auf dem Bauch und auf dem Hinder
ihm zu Füssen liegen sie.

Unberührt von ihren Faxen
kritisiert er mild und grob,
lenkt die ungeschickten Haxen
und verteilt gemess'nes Lob.

Selbst die Frau'n riskier'n in Scharen,
ob sie alt sind oder jung,
auf der Piste, in den Baren
fröhlich mit ihm einen «Schwung».

Kurz und gut: wie um die Wette
folgt man ihm auf grad und krumm.
Käm' ein Kinostar, er hätte
kaum ein treuer Publikum.

Trifft man ihn im Sommer wieder
in der Stadt, so sieht er aus
wie Herr Bader oder Bieder,
wie Herr Klöti oder Klaus.

Ansichtskarte aus Rom

Dieweil, mein Freund, sie noch in Basel heizen,
sitz' ich im Polohemd am Capitol.
Mir blüht in diesem Jahr in Rom der Weizen,
ich freu' mich an der Stadt und ihren Reizen,
mit R geschrieben und mit B. Jawohl!

Zwar mit der Sprache kann ich gar nicht blenden;
«a riverderci», damit mach' ich Staat.
Sonst red' ich, wie's hier üblich, mit den Händen,
dann wird der Wirt mir schon das Rechte senden,
nur kürzlich gab's statt Café crème... Spinat.

Wie viel ist doch vom alten Rom zu sehen!
Fürwahr, da kommt auf Touren der Tourist.
Ich stapf' von Stein zu Stein mit wunden Zehen;
mein Lieber, weisst Du, wieviel Sternlein stehen
im Grieben, der mein Cicerone ist?

Rom ist für einen Lehrer wie Walhalla,
bei mir geht oft zu Ende mein Latein.
Kennt' ich das Lexikon von Zeus bis Allah,
müsst ich nicht fragen: was ist «Caracalla»?
Ein Papst, ein Kaiser, Marmor oder Wein?

Sonst aber lässt sich wohlgemut hier wohnen.
Der kühlste Basler spürt der Musen Kuss.
Sind auch die Musen steinerne Matronen,
mir ist es wohl im Lande der Zitronen.
A riverderci!
                    Herzlich
                    Blasius

Blasius-Kirche in Salzburg

Es kam – ich will es unumwunden sagen –
auf eine kleine Pilgerfahrt heraus.
Erwartungsvoll, wenn auch mit leisem Zagen
trat ich ins dämmerdunkle Kirchenhaus.

Von aussen schien das Kirchlein mir verwittert,
es stand verlassen da und leicht verschupft;
auch hat der Krieg, was mich enorm erbittert,
die schönsten Ziegel ihm vom Dach gerupft.

Doch innen spürt man nichts vom Kriegsgewitter,
durchs Dunkel schwingt ein leiser Orgelton,
matt glänzt im Chor das schöne, alte Gitter,
und hinter'm Pfeiler steht mein Schutzpatron.

Ein wenig bangt mir, als ich ihm gestehe,
dass mir sein Name dient für manchen Reim;
doch wie den alten Herrn ich lächeln sehe,
bin ich getrost und fühl' mich fast daheim.

Noch lange sitz' ich mit zufried'nem Herzen
im Kirchenstuhl bei einem stillen Hock
und dankbar stift' ich, eh' ich geh, zwei Kerzen
und einen Schilling für den Opferstock.

Zum heil'gen Mann wird er mich nie bekehren,
mein treuer Schutzpatron im grauen Bart,
doch halt' ich gern und freudig ihn in Ehren
auf meiner eig'nen weitern Pilgerfahrt.

Luftschlösslein

Ich male oft – beklagen sich die Andern,
die Welt sei freudlos, trüb und sorgengrau –
Ein Schlösslein in die Luft, zu dem wir wandern,
wir zwei zusammen, liebe kleine Frau.

Da steht's mit grünen Läden, weissen Türmchen
wie aus dem Bilderbuch der Märchenfee.
Ein Gärtner schneidet Rosen und liest Würmchen
im blanken Kies der langen Schlossallee.

Ein rostig Glöcklein zieh'n wir leicht beklommen,
die Sommerstille schluckt den zarten Klang.
Ein altes Fräulein heisst uns leis' willkommen
und trippelt vor uns durch den kühlen Gang.

Im Salon lächelt heimlich von den Wänden
in gold'nem Rahmen mancher kluge Ahn;
das Fräulein schenkt mit zittrig alten Händen
den sanften Tee in gelbes Porzellan.

Und plaudernd lässt mit feuchtem Augenschimmer
Histörchen sie vor uns vorüberzieh'n.
Ein zarter Duft liegt über'm ganzen Zimmer,
Lavendel mit ein wenig... Naphthalin.

Sie spricht vom Grafen, der um sie geworben,
als er den grossen Feldzug hier verschlief,
und von der Dame, die so jäh gestorben,
weil nachts das Totenkäuzlein zwölfmal rief.

Idylle voller Grazien und Gespenster...
Wir sind verzaubert wie in einem Traum.
Der stille Abend schaut durch's off'ne Fenster.
Der Brunnen singt, es rauscht im Lindenbaum.

Die Abendglocke tönt aus weiter Ferne.
Das Fräulein ging, es legt sich früh zur Ruh.
Am Himmel steh'n die ersten hellen Sterne.
Wir sind allein, das Märchen, ich und Du...

Baasler Gschichten und Gschichtli

Wer Verse schreibt und seine Vaterstadt liebt, darf mitunter auch dann dem Pegasus die Zügel freilassen, wenn grössere oder kleinere Ereignisse das alltägliche Leben in den heimischen Mauern bewegen und in Trab bringen. Als Kommentar zu solchen Episoden entstehen dann Gelegenheitsgedichte, Verse, die dem Verfasser Gelegenheit geben, zu zeigen, dass er am Geschehen seiner Stadt Anteil nimmt, und dabei auszusprechen, was freilich, einmal ausgesprochen, ausgesprochen kritisch tönen kann.

Baasel griegt e Bundesroot

Am 17. Dezember 1959 wählte die Bundesversammlung Prof. Hans Peter Tschudi, den Regierungsrat mit dem Basler Herzen und dem Glarner Stammbaum, in die oberste Landesbehörde.

Glogge lyte, Fahne waihe,
in de Gasse Drummelschlaag.
Hämmer nit e Grund, is z fraie?
Basel fyyrt en Ehredaag!

Sächzig Johr lang miemer blange,
s letscht Mool isch scho wyt und fäärn...
Äntlig isch s emoole gange,
äntlig hämmer aine z Bäärn.

Aine vo de junge Manne,
aber ain, wo waiss, wie s goht,
und wo, schlangg grad wien e Danne,
fescht in unserm Boode stoht.

Dass s jetz glappt, dunggt wunderbaar is,
uns verschupfte Lyt am Rhyy,
und der Buurgerbrief von Glaaris,
nu, dä goht in d Fraid no dryy.

Kurz, vom Ueli bis zuem Truudi,
wär hit z Basel laufft und goht,
wintscht em Heer Brofässer Tschudi
guete Start im Bundesroot.

Der Tschudi wird Bundesbresidänt

Pompös-feierliche Geschenke sind an baslerischen Jubelfesten nicht üblich,
nicht nur, weil sie zuviel kosten würden. Am 10. Dezember 1964, am
Tschudi-Tag im Basler Stadt-Casino, erhielt der neue Bundespräsident eine
Gabe aus Holz; dass man damit aber nicht auf dem Holzweg war, bewies
die Freude des Gefeierten an dem spezifisch baslerischen Geschenk, das
ihm ein Knabe, der jüngste Tschudi-Neffe, überbrachte.

Wenn i dä Saal doo bschau voll groosse Dier,
Biheerde, Diplomaate, Offizier,
Kaufflyt und Handelsheere und Dozänte,
kurzum e Saal mit nyt als Prominänte,
dno waiss i wiirgglig nit, ych glaine Maa,
wien ych in dääre Gsellschaft lande kaa.
Und was i saage wott, macht zue mym Schrägge
mir fascht e Gropf und blybt im Hals mer stägge.

Und doch! Wenn d Stadt hit fyyrt an allen Egge,
bruucht d Juuged sich derbyy jo nit z verstegge.
Und wenn scho Baasel griesst mit alle Fahne,
e junge Baasler gheert doo au no aane!
Jungsyy isch jo zue gueter Letscht kai Schand,
und doorum nimm i aifach s Häärz in d Hand
und saag jetz, bin i au nit prominänt:
i wintsch vyl Gligg, Herr Bundesbresidänt!

Und lumpe losst sich au e Junge nit,
er bringt zue Ihrem Feschtdaag eppis mit!
Kai Riisegschängg in Ihri Bundeslaade,
kai Ehrebrys, kai fyyrligen und faade,
nai eppis, wo me numme denn draa dänggt,
wenn men als Baasler «à la bâloise» schänggt.
Die Biecherstitze, wo fir Si me gschnitzt het
und wo derbyy e Kinschtler gschafft und gschwitzt het,
sinn baaslerisch und erscht no eppis Alts;
denn s Holz stammt us der Schwimmschuel bi der Pfalz!
Mer hänn fir Sii deert – und das isch nit glooge –
die letschte Brätter us em Wasser zooge.

Zuem Pfalzbaadhysli hänn als junge Maa
Si ganz e bsunders feschti Liebi ghaa.
Denn drotz em Blääch und drotz de grumme Brätter
haig me Si deert bi jeedem Summerwätter
am Zwelfi gseh im Wasser und bim Schwumm
zmitts in der Aarbed und im Stuudium.

Und uff em Bänggli, wo die alte Heere
von ihre Gschichten und Brozässli schneere,
sinn Sii zuem Droggne in der Sunne gsässe,
hänn zfriide Ihr Salamibreetli gässe,
zerscht gloost, was so die andere barliere,
und schliesslig sälber afo diskutiere.
Und besser kann das kain, das merggt me glyy!
Denn bald subtyyl und bald mit Energyy,
bald liebeswiirdig und bald lyycht verbisse
lehn Si die andren Ihri Mainig wisse.
Das, wo Si saage, isch brezyys und gnau;
und zwischeduure zaige Si dno au,
wie men e Geegner oordlig und mit Gmiet
e bitzli dur der Baasler Gaggoo zieht.

Am Gländer oobe luegt der Hämmi zue,
suugt an sym Stumpe und sait voller Rueh:
«Hanspi, bass uff, wos Dii no aane schloot!
Mit däm Muul wirsch Du glatt no Bundesroot.»

Uff die Wyys hänn im Rhyy als junge Maa Si
nit numme schwimme glehrt, d Pfalz isch au quaasi
bim Diskutiere mit de Lyt fir Si
der allereerscht politisch Lehrblätz gsi.
Und was Si dääwääg glehrt hänn syner Zyt,
am Land, im Wasser, bhalted sy Profit.
Das hänn Si sälber speeter z Bäärn erfahre,
syg s jetz im Bundeshuus, syg s in der Aare.

Si wisse hit, dass au im Wälleschlaag
e guete Schwimmer allerhand vermaag.
Het s Wiiderwasser, nu, was lyt scho draa!
Wenn aine kämpft, dno kunnt er doch voraa.
Und wenn s emool e Wiirbel git, e schlimme,
me mues au geege d Streemig kenne schwimme.
D Hauptsach isch doch – und das elai isch wichtig –
me waiss der Wääg und kennt die rächti Richtig,
Dno het men Ooberwasser, goht nit aabe,
isch iber s Wätter und der Wind erhaabe
und bhalted d Rueh und wird au nit verruggt,
wenn men emool e Muulvoll Wasser schluggt.

In däm Sinn isch, Heer Bundesbresidänt,
Ihr Amt e Kampf mit männgem Elemänt.
I saag s als Bueb und doch, i waiss es guet:
es bruucht in Ihrem Stroom vyl Graft und Muet.
So meeg denn unser Gschängg vom alte Rhyy
fir Si e ganz e glaini Sterggig syy,
und fir die Johr, wo kemme, wintsch i drum
rächt weenig Wälle und e guete Schwumm!

D Frau Bundesroot an der Muschtermäss

Am offiziellen Tag der Mustermesse 1963 besuchte Frau Bundesrat Spühler
die Bücherschau und erhielt – zusätzlich zum kantonalen Damenflor, der
sie bereits umgab, einen poetischen Blumenstrauss.

I haiss, verehrti Daame, Si willkumme
in dääre Sprooch, won i am beschte schwätz.
Si sinn im Mentschestroom dur d Halle gschwumme,
der greesser Dail vom Fuessmarsch isch scho umme,
e glaine Halt isch doorum gwiis nit lätz.

Dass Sii, Frau Bundesroot, is au biehre,
macht erscht s Vergniege vom däm Daag komplett.
I hoff, my Baaseldytsch däät Si nit steere.
So gschwind kaa ain halt Ziiridytsch nit lehre,
wobyy no offe blybt, ob ärs au wett...

En aige Ziigli z mache, gheert bi Fraue
– au in der Schwyz – scho fascht gaar zuem Brogramm.
Au hit mien d Männer go Maschygge bschaue.
Sii aber gehn fir sich und mache Blaue.
Und frogt me, wo? Eh bien, cherchez les femmes!

Me laufft der neischte Mooden noo, das kaa me
e halbe Moorge due als rächti Frau.
Me kaan au drotz däm elegante Rahme
zmitts us em Moodebaradyys fir Daame
e bschaide Wäägli näh zuer Biecherschau.

Wie scheen, dass Si das dien und jetz doo waarte!
I bi ganz gwiis, es lohnt sich Ihre Bsuech.
Denn «Créations» git s au in unserm Gaarte,
und «Steff» in alle Faarbe, allen Aarte
verschänggt grandioos die wyti Wält vom Buech.

Ai Buech isch nei, me schmeggt fascht no der Glaischter,
en anders alt, biwährt und doorum glatt.
s git byyn is groossi und au glaini Gaischter.
Isch au nit jeede Dichter glyy e Maischter
im Binggis schloofft vilicht e Dirrematt...

Und drum zuem guete Schluss: dur alli Zyte
blybt immer wider däm, wo suecht, e Plus:
je wyter mir ins Lääben yyne schryte,
e Buech stoht aim in Fraid und Soorg zuer Syte.
Vergässeds nit! Das wintscht der
                                    Blasius

Mr Beppi goes to Washington

Mit einem Budget von 50 000 Franken und einem Rundreisebillet von New York bis San Francisco schickte der Regierungsrat im Mai 1957 eine Studienkommission nach den USA. Sie hatte den Auftrag, zu untersuchen, ob es in Amerika einen Strassenverkehr gebe, ob er, wenn ja, geregelt sei, und ob es sich, wenn wiederum ja, auf Grund profunder Erkenntnisse verhindern lasse, dass man in Basel den Verkehr verkehrt regle. Es konnte nicht verhindert werden.

Mer hänn e liebi, glaini Stadt
fascht ohni Hascht und Gspräng,
und wo s Verkehr het, laufft er glatt,
isch s au a bitzli äng.
D Regierig aber findet s nit,
si mecht e Wältstadt haa,
und schiggt e Kommission, was witt,
diräggt uff USA.

Die Heere fahre gryz und queer
dur alli groosse Stedt
und reeglen yyfrig e Verkehr,
wo s gaar nie z Baasel het.
Sie mache Rauch, au wenn s nit brennt.
Brobleem sinn s fir my Gfiehl,
wo graad so guet me leese kennt
in Frauefääld und Biel.

Zue dritt isch au d Regierig koo,
das losst doch kainen uus.
Vilicht längt s so zum Apéro
bim Chef im Wysse Huus.
Dä loost gwiis voller Spannig aa,
wie s Zwaier-Drämli fahrt
und wievyl Gäld e jeede Maa
bim Wuche-Käärtli spaart.

Me raist uff Hollywood persee;
e Vamp het sicher Zyt
und zaigt däm Basler Comité,
wie men in d Kurve lyt.
Me macht sich au fir d Cow-Boys frei,
dä Bsuech wär nit verkehrt;
s kaa syy, dass unsri Polizei
no s Lasso-Wäärfe lehrt.

Und sinn si zrugg us USA,
was isch dno scho bassiert!
Mer wäärden als no Drämli haa
und d Soorg, wo me parggiert,
und Schugger, wo bifähle wänn,
und d Stadt isch als no z glai...
Und s ainzig, wo mer nimme hänn,
sinn fuffzigdausig Stai.

Mir alte Reemer

Kurz bevor Basel sich anschickte, im August 1957 seinen 2000. Geburtstag als glanzvolles Römerfest zu feiern, gab ein Professor kund und zu wissen, man habe sich im Datum um einige Jahrhunderte geirrt. Der Erfinder und Organisator der Feierlichkeiten, Herr Nicolas Jaquet aus Riehen, liess sich aber von solchen Redereien nicht beeindrucken. Die römische Festsuppe, in der bereits die antiken Lucullus-Würstchen der Bell'Epoque schwammen, blieb unversalzen.

Jä simmer denn jetz, nundefaane,
zwaidausig Johr alt oder nit?
Und woo gheert unser Stedtli aane?
Isch moorn Gibuurtsdaag oder hit?
Und simmer wirgglig e Filiaale
vom däm Augusta Raurica,
und hämmer reemischi Sandaale
scho doomols an de Sohle ghaa?

Do kunnt myseel e Heer Brofässer
und schmaisst dä ganz Gibuurtsdaag um,
und d Zumft vo de Bankettli-Frässer
wird gryydewyss und luegt scho grumm.
Vierhundert Johr sott me no waarte!
Du liebi Zyt, das kaa nit syy.
Kuum waggst aim soone Fescht in Gaarte,
scho drampt aim ix e Tschooli dryy.

Der Jaquet aber nimmt s nit draagisch:
«L'Etat c'est moi, und d Gschicht mach yych!»
Au wenn das Daatum eenter vaag isch,
e Bombefescht git s z Baasel glyych.
Me mues nur nit zue delikaat sy:
d Hauptsach: es solle Frau und Maa
d Blagette mit em Heer Munaazi
und ihr Lucullus-Wiirschtli haa.

Wäär het jetz rächt? Und wäär ka wisse,
was in vierhundert Johr bassiert?
Vilicht isch s Minschter aabegrisse
und d Pfalz-Terrassen isch blaniert.
Ach bsinn di nit! s isch doch vergääbe;
denn ais isch glaar und nit dubioos:
der Jaquet, wuurd er denn no lääbe,
liesst s glyych Fescht aifach nomool loos.

He nu, so wämmer denn go feschte
im Polohemmli oder Fragg
und ohni Soorge wääge Keschte;
der Staat het no gnueg Gäld im Sagg.
Und was i gschwind ha saage welle
und was men us däm Väärsli gspyyrt:
me sott im Grund doch d Keerzli zelle,
bivoor men e Gibuurtsdaag fyyrt.

Spittel-Kummer

Baureif war das Projekt eines Neubaus des Basler Kantonsspitals angeblich schon 1962, damals freilich noch verunziert durch ein Hochhaus, das der Spitaldirektor und seine Getreuen vehement verteidigten, während viele Basler sich über den drohenden Bauklotz inmitten ihrer Stadt weidlich ärgerten. Der nachfolgende Stossseufzer verlor sich im seinerzeitigen Abstimmungskampf und blieb ungehört; glücklicherweise aber war in den späteren Bauplänen das Hochhaus um einige Stockwerke reduziert und nur die Baukostensumme um einige Millionen aufgestockt worden.

z Baasel an dym Rhyy
wottsch deert wiirgglig syy,
wenn si aafehn d Stadt verschandle
und de muesch dur Baudrägg wandle
z Baasel an dym Rhyy?

Uff der braite Brugg
firsi, hi und zrugg,
woo de gohsch, hesch laider Gotts
vor em Gsicht der Spittelglotz
uff der braite Brugg.

Uff der Baasler Pfalz
weenig Lyt meh gfallt s,
wenn si gsehn bim Rhy-ab-luege,
s Stadtbild goht us alle Fuege
uff der Baasler Pfalz.

Au der Peetersblatz
isch scho bald fir d Katz.
Auto nääbe syne Matte,
miedi Baim im Spittelschatte...
Aadie, Peeterblatz!

Und am Dootedanz
fählt s an Liecht und Glanz,
wil der Spittel d Stadt verdruggt
und der Räschte Sunne schluggt
bis go Santi Hans.

Baasel, Stadt am Rhyy
mues das wirgglig syy?
Kumm, vergiss die Zwängerei,
bhalt dy Gsicht und blyb der drei,
Baasel, Stadt am Rhyy!

Der Groossroot macht en Elsassfährtli

Wie sich Reisen und Ausflüge des Grossen Rates in allen Einzelheiten ab-
spielen, wissen nur die Beteiligten genau, vorausgesetzt, die Erinnerung an
diese Einzelheiten sei nicht etwas verschwommen geworden. Bei einem El-
sassfährtli jedenfalls, wie es der Grosse Rat im Herbst 1963 nach Strassburg
unternahm, liegt die Vermutung nahe, dass der Pegelstand beim Rheinwas-
ser und beim Edelzwicker ungefähr die gleichen Werte oder Unwerte auf-
gewiesen hat.

E Root, wo soo wie unsere mues grampfe,
daarf au derzwische ins Vergniege dampfe.
I mool mer uus, wie s eppe kennti syy.
Me bsinnt sich, wo me naime waas kaa bschaue,
und macht, grad no de Feerie, wiider Blaue.
Der Grossroot Emil Saft isch au derbyy.

Es raise mit – so quasi als Verzierig –
die ganzi Staatskanzlei, die halb Regierig.
No zäh Minute git s die erschti Wuurscht.
Bim Ässen isch e jeeden uff sym Boschte,
kai Wunder, s soll jo au kai Rappe koschte.
Der Migger Saft het glyy e guete Duurscht.

Me rutscht der Rhyy durab und gniesst sy Lääbe,
me redt vom Wasser und me dänggt an d Rääbe,
me glopft e Jass und griegt e Sunnestich.
Me losst zuer zwaite Wuurscht sich gäärn verfiehre,
e Glaas vom Basler Ehrewyy z brobiere.
Der Migger het scho ganz e glaine Stich.

Bis z Nacht isch d Politik scho halb vergässe.
D Barteie finde sich bim gueten Ässe,
nyt git so weenig z händle wie Bankett.
Ai Häärz sinn jetz die Schwaarzen und die Roote,
me sait sich «du» und druggt vergniegt sich d Pfoote.
Der Säftli-Migger isch fascht veielett.

Was macht s scho, wenn me spoot erscht und no Stunde
der Haimwääg oder s Schlisselloch het gfunde!
So isch s halt, wenn s im Kopf e bitzli suust.
Me frait sich scho, am näggschte Staammdisch z brichte
vom Raise und vo schwääre Birgerpflichte.
Der Semil Faft – hupp – blumpst in s Bett und pfuust.

Romeo Johrgang 1894

Karlrobert Schäfer, jugendlicher Held und Herzensbrecher auf der Basler
Bühne der goldenen zwanziger Jahre, Theaterkassier der silbernen fünfzi-
ger Jahre, Freund der Musen auf den Höhen der Kunst und der Musse auf
den Höhen der Berge, beging im Dezember 1964 seinen 70. Geburtstag.

Dängg i zrugg an d Buebezyte
– Stadttheater dritte Rang,
sälbstverständlig uff der Syte,
s Saggäld längt sunscht nimme lang –,
gsehn i Dii im Bihnerahme
unden an der Rampe stoh,
Halbgott vo de junge Daame,
Mortimer und Romeo.

Und vom Brächt, vom Shaw, vom Schiller
hoolsch Du dir Dy Repertoire.
Us em junge Ladykiller
wird e Baasler Schauspiilstar:
e Taläänt, wo nit wott raschte
und e Stimm, wo ohni Noot
au in unserm alte Kaschte
um die vyylen Egge goht.

Langsam kemme d Altersfalte,
no isch d Aarbed nit verbyy,
d Billetkasse guet z verwalte,
bruucht au Fraid und Energyy.
Und der Mälchthal, frei und leedig,
wo sich geege d Landvegt stellt,
wird zum Kauffmaa vo Venedig,
wenn er syyni Batze zellt.

Jetz hesch sibzig uff em Buggel,
lääbig blybsch doch hit wie moorn.
Lauffsch nit wien e junge Zwuggel
als no gäärn uffs Matterhoorn?
Und wenn s fir der Abschiid Zyt isch,
het der Oobe au sy Plus.
Wo d Erinnerig ryych und wyt isch,
lohnt sich s Alter.

Blasius

Basler Wunder

In den letzten Monaten des Jahres 1967 avancierte Picassos Harlekin zum
Schutzpatron Basels. Unter seinen Augen bewiesen die sonst als Gnoorzi
verschrieenen Basler, dass sie – vom Bettlerfest bis zur siegreichen Lauper-
Schlacht – bereit waren, für die neue Kunst zu betteln, zu spenden und zu
kämpfen. Vollkommen wurde das farbige Wunder erst, als sogar den
Künstler für die Stadt, die sich so eifrig für seine Bilder rührte, dass grosse
Rühren ankam und er als Dank für die offenen Portemonnaies und Herzen
sein eigenes Atelier für einen ergiebigen Vischer-Zug offenhielt.

Voor der Abstimmig

I haa s nit gäärn, wenn s in der Schwyz
vom Baasler spettisch haisst,
dass zwische Spaarsamkeit und Gyz
er männgmool lycht entglaist.
Mer dien – so sait me – sehr profund
und gscheit und gaischtig fit
und sinn e Gnoorzi-Club im Grund?
Saag, simmer s oder nit?

I haa s nit gäärn, wenn notinoo
e Stadt ihr Gsicht verliert
und wenn si coram publico
mit ihre Schetz husiert.
Ob alt, ob nei, das isch mer glyych,
d Kunscht goht dur s Lääbe mit,
in ihrem Zaiche simmer ryych.
Saag, simmer s oder nit?

Mer sinn s, solang mer aanestehn,
s Häärz offe graad wie d Hand,
fir daas, wo lääbig isch und scheen,
au geege Wiiderstand.
I glaub an unsre guete Stäärn;
am Bättlerfescht hesch s gseh.
Deert hämmer A gsait lut und gäärn,
moorn sait der Baasler B.

Noo der Abstimmig

Das macht doch nundebuggel
nit männgi Stadt is noo:
vom Grauter bis zuem Zwuggel
uff d Barrikaade goh,
fir d Kunscht und au dergeege,
das isch doch allerhand!
Wenn soo sich d Buurger reege,
blybt lääbig unser Land.

Heer Arlequin, Si butze,
mes frères, Eich gohts nit schlächt,
Ihr hänn zue unserm Nutze
jetz z Baasel s Büürgerrächt.
Wo bloost der Kunschtwind frischer?
Das frait zuem guete Schluss
der Meyer und der Vischer
und au der
                                        Blasius

Axt ans Baimli?

Strenger als in früheren Jahren sitzen die Basler heute zu Gericht über Bauvorhaben im Herzen ihrer Stadt. Dies musste – bei der Volksabstimmung über den geplanten Neubau des «Baimli» an der Bäumleingasse im November 1968 – das Gericht selber erfahren. So sehr man ihm eine komfortablere Behausung gewünscht hätte, so wenig wünschte man dem Münsterhügel einen neuen baulichen Akzent. Zustimmung und Ärger schlugen in Gazetten und Flugblättern hohe Wogen; zu leicht gewogen für den vorgesehenen Standort, schwamm das Projekt in einem Wellental davon.

Es laufft mer kalt der Ruggen ab,
wenn si der Bagger hoole.
Woo macht der Haimedschutz hit schlapp?,
so froog i mi verstohle.
Deert holzt men ab, doo fallt e Huus
und niemerts macht Revolte.
s goht nimme lang, gseht Baasel uus
wie Pforzheim oder Olte.

Und jetz goht s gaar em Baimli schlächt!
Deert gheert doch nundefaane,
sinn d Architäggte noo so rächt,
dä Brotze-Bau nit aane.
Das bringt my Baaslerhäärz in d Schwing,
doo paggt mi der Sarkasmus.
Im Graab drillt sich der Dinge-Ding
und mit em der Erasmus.

Frogt mi bim Banggverain e Gascht:
woo goht s zuem Minschter duure?»
so zaig i uff dä Glaaspalaascht
und saag mit stillem Gnuure:
«Lueg do die hoochi Kischten aa
und d Gass, wo si verkoo lehn!
Vilicht findsch s Minschter hindedraa…
voruusgsetzt dass si s stoh leen.»

Der Määrthoof

1976 wollte der Coop seinen heimeligen «Määrthoof» am Marktplatz durch
einen pompösen Neubau ersetzen, dem er zudem ein merkwürdiges Luft-
brücklein über die Marktgasse zum gegenüberliegenden Gebäude anhängte.
Das Projekt fand wenig Anhänger. Dank dem Nein in der Volksabstim-
mung behielt das Haus seinen äussern Charme und machte nur im innern
Platz für einen modernen «Määrt».

Z Baasel an mym Rhyy
rysst me Hyser yy,
rächts und linggs, s kunnt nit druff aa,
wenn me numme baue kaa
z Baasel an mym Rhyy.

Und der Baasler Määrt
isch au nyt meh määrt.
Waiht nit d Luft so schwäär und lau
wäägem Glotz vom ACV
uff em Basler Määrt?

Au im Gässli d Brugg
isch kai Maischterstugg.
Macht e Stadt nit Harakiri
mit däm «Ponte dei Sospiri»,
mit däär Joomerbrugg?

Wäär scho, Grooss und Glai,
wott das Gugguggs-Ai!
s lyt bi uns im lätze Näscht,
git em Basler Määrt der Räscht.
Doorum: Määrthoof Nai!

D Spaarkasse z Basel wird 175 Johr alt

1983 feierte die Sparkasse Basel (früher ZEK Zinstragende Ersparniskasse genannt, eine Stiftung der GGG Gesellschaft für das Gute und Gemeinnützige) ihren 175. Geburtstag. Blasius, mit der Bank verbunden, sparte am Jubiläums-Essen nicht mit poetischen Glückwünschen.

Ein Bänklein gab's einst namens ZEK;
und war es auch nicht grad im Dreck,
es kam so richtig nicht vom Fleck.
Im schmalen Gässlein um die Eck'
war es vom grossen Fenster weg
und hielt sich gleichsam im Versteck.
Wohl waren alle Mann auf Deck,
im Schiff war nirgendwo ein Leck,
doch allzu leicht war das Gepäck
vom Sparbüchlein zur Hypothek.
Und kam pro Schaltjahr mal ein Check,
war's für die Bank ein leichter Schreck.
Man knabberte an magerm Speck,
bescheiden Futter und Gedeck;
der Sparstrumpf galt als Lebenszweck.
Altväterisch und wenig keck,
das Gegenteil von einem Geck,
der Kragen sauber, ohne Fleck,
besorgt, dass man ihn nicht verdreck'
und dass man keine Zahl entdeck',
die in der Rechnung man versteck',
kurz, niemals auf dem hohen Reck...
das war einst – wie gesagt – die ZEK.

Allmählich aber kam die Rasse.
Man überquerte kühn die Gasse,
und jetzt steht die Ersparniskasse
auf des Kulturzentrums Terrasse,
kein Glaspalast und doch von Klasse.
Die Basler kamen bald in Masse,
nicht nur aus Neugier und zum Spasse;
man spürte, dass man hier nicht prasse,

der Kunde keine Haare lasse,
dass guten Rat man nicht verpasse,
dass man sich gern bedienen lasse
und dass das Klima jedem passe.
Und wie der gold'ne Wein im Fasse,
flossen so Gelder in die Kasse.
In der Bilanz gab's manche Asse;
es brauchte keine Aderlasse.
Und den Gewinn wie süsse Glace
gab man der GGG zum Frasse.
Gleichgültig, ob der Neid, der blasse,
auch andre Banken still erfasse,
es fuhr auf hoher, sichrer Trasse,
vergleichbar einer Staats-Barkasse,
die Spar- oder Ersparniskasse.

Und nichts von Sorgen oder Qualen!
Die Bank umgibt sich mit Filialen
vom Riehen-Dorf bis in die Spalen.
Man lässt das Bankhaus frisch bemalen,
gibt auch dem Innern neue Schalen
und wächst gar im Horizontalen
mit weitern Büros und Lokalen.
Methodik herrscht in den Regalen,
in den Belegen und Journalen.
Und ohne jemals vor Rivalen
dick aufzutragen und zu prahlen,
man sieht doch alle leise strahlen
vom Lehrbub zu den Prinzipalen
ob den perfekten Jahreszahlen.
Und fern von Finten und Kabalen
und unerfreulichen Skandalen,
fatalen oder nur banalen,
hält man sich fest am Idealen
und gibt im Zeichen des Sozialen
der Mutter GGG nochmalen
den Gala-Check, den sehr feudalen.

Kurz, das ist alles gute Post
von Nord bis Süd, von West bis Ost!
Die Rüstung blank und ohne Rost,
gefeit vor Stürmen oder Frost.
Man gibt sich gern bei Euch in Kost
und bleibt gelassen und getrost.
So hoff' ich, dass Ihr weiter sprosst
und kräftig mit den Hörnern stosst,
auch wenn es Müh' und Arbeit kost'.
Ich heb' zum Schluss mein Gläslein Most
und wünsche Glück und sage «Prost»!

Die glaini Linde

Die Anwohner der St. Alban-Vorstadt pflanzten als Zierde ihrer Strasse
mitten im Trottoir vor dem Brunnen eine kleine Linde und bauten 1894
ein munteres Festlein um dieses Bäumchen: Blasius freute sich über diesen
reizvollen Schönheitsflecken in unserer Altstadt und über die unkonventio-
nelle Initiative dieser stadtbewussten Basler.

Wenn die scheenen alte Linde
bi uns notinoo verschwinde,
isch das schaad und schwäär z verwinde
und zellt zue de vyyle Sinde,
wo du, gheersch nit zue de Blinde,
Baasel kaasch uff d Naase binde,
au wenn männgi Lyt verkinde,
soone Stadt syg niene z finde,
scheen vo voorne bis no hinde.

Wenn si aber nei entstehn,
d Linde, isch es doppled scheen.
Bappe, Mamme, Dechter, Sehn
alli finde s fotogeen.
Baasel, isch s au kai Athen,
blybt uff die Wyys homogeen.
Wenn mer um der Stamm jetz gehn,
ischs e glainer Phänomeen,
dass so Baimli Wuurzle schlehn
und uff s Mool im Drottoir stehn.
Aber was mer guet verstehn:
d Fraid, wenn – quai als Mäzeen –
Ihr die neii Linde gsehn,
won er sicher lääbe lehn.

Komplimänt fir dä Entschluss,
fir der Dräffer bi däm Schuss
und fir s glunge Dalbe-Plus.
Und vyl Wintsch fir Gspass und Gnuss
an der Linde nooch bim Fluss,
schiggt Eich jetz zuem guete Schluss
ooben uff sym Pegasus
häärzlig Eier
                                        Blasius

S läär Fass vo der Akadeemische Zumft

Die Akademische Zunft ist die jüngste und gleichzeitig die ärmste unter den Basler Zünften; statt auf einem vollen Geldsack thront sie auf einem leeren Weinfass. Dafür steht ihr das Privileg zu, nach alter Tradition ihr jährliches Zunftessen gemeinsam mit der Universität am Dies academicus begehen zu dürfen. Zum Ritual des Zunftessens gehört die Rede des Zunftvertreters; ihm liegt es ob, die magischen Kräfte des leeren Fasses und dessen Auswirkungen auf den Rektor in bewegten Worten zu schildern und gleichzeitig um milde Gaben zu bitten. Zwei der zahlreichen Reden, die Blasius, während mehrerer Jahre Meister der Zunft, hielt, seien hier als Muster vorgestellt.

Zunftrede 1962

Die Rede galt dem Rektor Prof. Rudolf Geigy, Dozent für Zoologie, Vorsteher des Schweizerischen Tropeninstituts und Präsident des Zoologischen Gartens Basel.

Erzählt ein Schüttelreimer auch mitunter Mist,
er ist ein Mann doch, der gern froh und munter ist.
Er weiss, wenn mit Apoll im rechten Bund er war:
die Lust am Schüttelreimen ist doch wunderbar!
Kann ich es drum an dieser schönen Feier lassen?
Ich muss, o Freunde, meine Schüttel-Leier fassen.
Doch eh' ich s tu als dieser Zunft und Gilde Meister,
erbitt' geneigte Ohren ich und... milde Geister.

Es sagt's ein alter Reim, dass du die Zeitung liest
am besten dort, wo s rauscht, wenn du die Leitung ziehst.
Man findet diese Ruhe heut' zu Hause glatt,
weil schliesslich jeder eine solche Klause hat.
So las ich denn – es rauschte nur die Leitung zahm –
den Geist mir kürzlich abends an der Zeitung lahm.
Doch plötzlich wurd' ich wieder wach, ich Grillenbläser,
als ich vom Rektor las durch meine Brillengläser.
Ich las, was diesem Herrn im kaum noch weissen Haar
und seiner Tropenmedizin verheissen war,
und wie, wenn man ihn vorwärts und zurück begleitet,
ihm heut' und gestern Vieles ward an Glück bereitet.
Kurz, ein Artikel war's wie oft, der – prächtig meist –
ein Institut und seinen Leiter mächtig preist.
Befriedigt stand ich drauf, am Wort mich labend, auf
und so beschloss ich meinen stillen Abendlauf.

Was aber hab' am nächsten Tag ich dann gemacht?
Ich habe weiterhin an diesen Mann gedacht,
wobei, wenn man der Sache näher zu sich neigt,
sogar dem schlimmsten Spötter es im Nu sich zeigt,
dass man mit vollem Recht ein Lob dem Rektor singt,
weil er nach Ruhm und Ehr' in manchem Sektor ringt.

Im Zolli wächst dank ihm der Tieresarten Zahl
vom fetten Riesenwalross bis zum zarten Aal.
Man hört den Lärm, den unsre wilden Löwen machen,
belauscht der Tauben Gurren und der Möven Lachen.
Man sieht dem Wärter zu; mit leisem Bangen schliesst er
den Käfig zu für seine bösen Schlangenbiester.
Kurzum, der Garten wächst, die Leute eilen, gaffen...
Man freut am muntern Spielen sich der geilen Affen
und staunt, ist dort auch selten das Aroma gut,
wie süss im Arm der Wärterin die Goma ruht.

Dann Tanganyika! Dort in dieser heissen Welt,
wo man sonst ziemlich wenig von den Weissen hält
und wo nur allzu oft die armen Schwarzen weinen,
geplagt von Tse-Tse-Fliegen und von Warzenschweinen,
sieht man den Rektor eifrig den Bazillen wehren,
die an der Eingebor'nen Kraft und Willen zehren.
Es macht das Land, an Schlangen und an Wanzen reich,
sogar den Mann mit dem gesündsten Ranzen weich;
der Rektor aber bietet jeder Seuche Bann,
indem auf Heilung er für kranke Bäuche sann
und unentwegt im Busch mit wachem Sinne spitzt,
wo ein Insekt, wo eine böse Spinne sitzt.

Das Tropeninstitut! Dort ist sein Walten still,
weil er sein Forschungswerk gestalten will.
Man muss – so sprach er heute früh – bedenken scharf,
wo man (und wie) Entwicklungshilfe schenken darf.
Nicht jede Gabe wird dem Kannibalen schmecken,
dem wilden, schlanken Buschmann mit dem schmalen
Becken.
Nur wer als Spender aus gewohnten Gleisen weicht,
erreicht das schöne Ziel, wo er dem Weisen gleicht.

Und nur noch nebenbei erlaubt die Frage sei:
wie steht's mit den Finanzen? Nun, ich sage frei:
der Rektor muss – man weiss so was am längsten eben –
in dieser Hinsicht nicht in grossen Ängsten leben,
weil die Chemie, die ja so sehr das Geben liebt,
ihm doch mit Sicherheit genug zum Leben gibt.

Im Grunde kann's wohl nur die Phantasie bemessen,
was er an guten Aktien der Chemie besessen,
das heisst, besitzt. Ein Häuflein? Eine «Bygi» gar?
Auf alle Fälle zahlt die Gigy bar.

Kurzum, ein Wirken ist's im vollen, reichen Klang.
Ach, ständ' die arme Zunft doch nur im gleichen Rang!
Dort Überfülle, hier in schweren Sorgen bin ich
und geb's als Meister offen zu: aufs Borgen sinn' ich.
So stolz das Fass auch ist, wir stehn vor leeren Kassen.
O könnt' dies Unheil sich zum Guten kehren lassen!
Gewiss, wir spenden Wein. Am grossen Saal gemessen,
sind aber viele heut' an diesem Mahl gesessen,
wobei es keiner nur beim blossen Nippen lässt
und lieber ständig mit dem Wein die Lippen nässt.
Mich plagte unser Fass schon heute morgen sehr;
heut abend, ist es leer, hab ich der Sorgen mehr.
Hier hätte man «Entwicklungshilfe» wagen sollen!
Kurz: «Wein für Brüder», dieses hab ich sagen wollen!!

Ein schmaler Ausweg bleibt; er kann die Lage schlichten
und dieses Sorgengrau mit einem Schlage lichten.
Die kleinen Fässchen suchen jetzt nach holden Gaben.
Oh Sie's, Verehrte, silbern oder golden haben,
es mögen, wo vom Durst die leeren Becher zeugen,
zum kleinen Fass sich dankbar alle Zecher beugen!
Mit dieser Bitte sei ein jeder gern erfasst,
ob naher Zunftgenosse oder ferner Gast.
Und fällt ein Hosenknopf auch in der Kässlein Spalt,
uns, liebe Freunde, lassen solche Spässlein kalt.
Wir können uns an dem Gedanken laben,
dass wir den grossen Festsaal voller Leute haben,
und dass mein Vers doch wohl den schlimmsten Rabengeiz
zur schönen Grossmut und zu milden Gaben reiz!

Doch was geschehen mag, ob auch die Welt vergeht,
ob, Zunfgenossen, unser ganzes Geld verweht,
erst dann steht's schlimm um uns – was man zumeist vergisst –
wenn man in unsrer Zunft einmal den Geist vermisst.

Der Wein ist knapp – nun gut –, uns plagt der Kater minder.
Sonst aber sind wir doch der Alma Mater Kinder.
In ihrem Geiste wollen wir drum weiter handeln,
im Licht der Weisheit unsrer Uni heiter wandeln,
getrosten Muts durch dieses bunte Leben rutschen
und hie und da am Saft der süssen Reben lutschen.
Ich heb' mein Glas, Herr Rektor, und wünsch' seelenvoll,
dass nichts an Glück der Alma Mater fehlen soll!

Zunftrede 1983

Rektor war damals Prof. Dr. med. Paul Kielholz, Dozent für Psychiatrie
und Direktor der Psychiatrischen Universitätsklinik (in Basel «Friedmatt»
genannt). Zum letzten Mal war Dr. A. Veillon Adjunkt des Rektors.

Nun sitzt er auf der Uni Thron
der Herrscher über Depression,
und lehrt uns, dass des Lebens Fron
nicht nur mit Blumen uns belohn',
mit Rosen, Nelken oder Mohn;
nein, er verfügt, dass mancher schon
in des Herrn Rektors Hütten wohn',
auf dass er seine Nerven schon,
friedmattgesetzt mit Diskretion,
ob Vater, Mutter, Tochter, Sohn,
ob Müller, Meier oder Cohn,
ob Hilfsarbeiter, ob Baron,
ob Bankdirektor oder Clown,
ob Jüngling oder Epigon,
ob Prinzregent vom Königsthron…
kurz, eine ganze Garnison
so etwa in der Dimension
von einem vollen Bataillon,
aus jeglicher Generation,
aus jedem möglichen Kanton,
aus jeder möglichen Nation,
vom Appenzeller zum Teuton.

Sie alle stehen dem Patron
gehorsam zur Disposition.
Er aber tritt nun mit Passion
in seine ärztliche Funktion.
Gewachsen jeder Situation
pflegt er Gemüter und Hormon,
bestimmt der Pillen Ration,
bekämpft den Trieb zur Aggression
samt jeder Halluzination
und eigenartiger Vision,
belehrt mit Tadel und Sermon,
lenkt den Betrieb im Haus, obschon
nicht immer nur in mildem Ton,
und schreibt erst noch trotz Telefon
Artikel zur Publikation.
Und dennoch gibt's auch Obstruktion.
Fand einer all dies monoton,
geschah's dass heimlich er entflohn,
ganz ohne Autorisation,
fast wie aus einer Bastion,
so quasi übern Acheron,
zurück zur heimischen Region.
Sonst aber gilt als Tradition:
nur mit des Meisters Permission
verlässt man die Friedmatt-Pension
und den vertrauten Pavillon
und sieht nach seiner Exkursion
der Heimat wieder als Station,
befreit von falscher Illusion,
erfüllt von Dank und Ovation
für solche ärztliche Mission,
gesund in jeder Proportion
und pflichtenfrei... wie Herr Veillón.

Die Frage bleibt: gibt's im Speziellen
nebst Pillen andre Kielholz-Quellen,
die Kranke auf die Beine stellen?
Ich nenne eins von den Modellen
und zähl's zu den originellen:

er liess auf des Spitals Parzellen
so quasi einen Zoo erstellen
mit Weihern, Bächlein und Rondellen,
mit Hirschen, Rehen und Gazellen,
mit Schwänen, Enten und Forellen,
mit Schmetterlingen und Libellen
und andern luftigen Gesellen
(nur nicht mit Hunden, deren Bellen
den Park um seine Ruhe prellen).
Den Zweck des Zoos, den ideellen,
erkennt man gleich als ganz reellen:
es hilft bei Frauen und Mamsellen,
bei Männern, sind es auch Rebellen,
ja manchmal auch bei Kriminellen,
der Blick auf Tiere, Blumen, Wellen
das düstere Gemüt erhellen.
Und so dank derlei Bagatellen
vergisst man seiner Krankheit Schwellen,
verlässt des Rektors enge Zellen
nach einer Heilung, einer schnellen,
vertauscht das Dunkel mit dem Hellen,
bereit, im Leben, im aktuellen,
sein Haus in Ruhe zu bestellen.

Doch nun zur Zunft! Warum und wie?
Dazu braucht's wenig Fantasie.
Wer unsre Zunft kennt, weiss, dass sie
so heut' wie anno domini
befallen ist von Lethargie,
von Sorgen und von Apathie
und schwärzester Melancholie.
Drum wird mein Speech zur Elegie
und macht sich frei von Ironie.
Mein Wunschbild ist nur Utopie:
ein volles Fass. Nein, leer wie nie!
Es fehlt (auf baseldeutsch) der Wyy.
Wir haben trotz Ökonomie
jetzt nicht einmal mehr Garantie
für einen Schluck Krambambuli.

Zwar möglich wär' als Therapie
ein wenig Panschen mit Chemie,
doch solches wär nur Alchimie
und schenkte Euch ein Potpourri,
unwürdig der Akademie.
So bleibt als letzte Strategie
Beschwörung Eurer Sympathie
und mittels meiner Poesie
der Bettelsack als dernier cri.

Drum meiner Rede A und O:
wir sind um unsre Fässchen froh,
und dies erst recht vor Ultimo!
Sie stehen vor Euch comme il faut
und bieten gar kein Risiko,
sie stammen nicht aus Seveso.
Drum bitte füllet sie en gros,
Banknoten nehmt in dubio,
ob heimlich und incognito,
ob einfach coram publico!
Doch tut es wohlgelaunt und so,
dass wir in dulce jubilo,
den Kranken gleich im Kielholz-Zoo
vom Kontra wendend uns zum Pro,
heut' Wein kredenzen von Niveau,
Euch mundend und uns ebenso.

Bedenkend dies, erwägend das,
wart' auf Moneten ich en masse
– auf Gaben ist heut' wohl Verlass –
und seh das Zunftfass voll und nass
als wohlgeeichtes Kiel-Holzfass.
Ich hoff', der kleine Aderlass
mach' keine Gäste bleich und blass,
uns aber kommt er sehr zupass.
Und so verlass' ich den Parnass
und meiner Bettelpredigt Spass
und heb mein allerletztes Glas
aufs Wohl der Universitas.

Us em Schittelbächer

Tenor in den goldenen zwanziger Jahren

Man muss das Lob Dir zollen, Tauber:
Du sorgst für einen tollen Zauber,
dass sich zu Dir die Masse kehre,
den Inhalt Deiner Kasse mehre.

Mit Pathos tut's Reklame dar
und macht es jeder Dame klar,
dass deutschen Geist der Tauber zier'
als stimmbegabtes Zaubertier.

Und alle alten Kinotanten,
selbst wenn sie Valentino kannten,
die Dich in Tönen schwelgen hören,
auf Deinen schönen Helgen schwören.

Und werden auch, Du Rampenwunder,
Dir Jahr für Jahr die Wampen runder,
Dich sangesfrohe Tonne wollen
noch ewig hör'n die Wonnetollen.

Amor schüttelt sich

Wenn sonnig-warm der holde Maien lacht,
der zum Poet sogar den Laien macht,
und hell am Bach die Weidenkätzchen schimmern,
dann musst du, Jüngling, dich ums Schätzchen kümmern.
Von selbst wird jetzt dein Herz die Ruhe scheuen
und, ohne dass dich deine Schuhe reuen,
wirst du verliebt auf tausend Wegen geh'n
wo Äols Lüfte dir entgegenweh'n.

Und frohen Sinnes, trällernd flotte Lieder,
suchst eifrig du für deine Lotte Flieder
und wirst ihn auch nach einem Weilchen finden.
Du magst zum Strauss auch ein paar Veilchen winden;
denn gar zu reizend sind solch feine Dinger!
Und schliesslich, sticht's dir auch in deine Finger,
sollst mit Bedacht du schöne Rosen küren,
damit sie deine Maid zum Kosen rühren.

Und so, dank deinem liebevollen Schinden,
wirst Blumen du auf Wies und Schollen finden
und sorgst dafür, verliebt und seelenvoll,
dass deinem Strauss an Pracht nichts fehlen soll.
Ob auch der Schweiss die Arbeit sauer macht,
zum Schluss erklimmst du eine Mauer sacht
und pflückst, selbst wenn dir deine Hosen reissen,
die Blumen, welche Kletterrosen heissen.

Erhört dich deine Maid nun? Weh, man irrt,
zu glauben, dass so schnell man Eh'mann wird.
Ein Mann mit nichts als ein paar Rosen kann
kaum bei der Frau von heut' ans Kosen ran.
Denn statt der Blumen will die Holde Gaben
aus lauterm Silber oder Golde haben.
So sachlich, Freund, ist deine Kleine eben.
Ja, wirst du frech, wird sie dir eine «kleben»!

Sie sagt: «Wozu nur Rosen, Nelken, wie?!
es gibt doch Gaben, die verwelken nie!?»
Pass' auf, mein Freund, sie wird dich lenken schon,
wie man die Liebe mit Geschenken lohn',
und wird so durch der Frauen milden Bann
dich bald zum rechten Gatten bilden, Mann,
damit du selbst und jeder sehe ein:
Grad so muss eine Muster-Ehe sein!

Krisenzeiten

Herrjeh, was für ein Heidenleben!
Wer wird der Krise Leiden heben?
Das Pfund fällt, die Devisen kranken,
Bankhäuser unter Krisen wanken;
es fehlt nur noch die Frankenbaisse,
die alle unsre Banken frässe.

Verödet hinterm Gitter ruht
schon manches schöne Rittergut;
man zieht jetzt in den Schweinekoben.
Im Kurort gibt's bald keine Schwoben;
denn auch der beste Kunde halt
zeigt dieser Zeit sich hundekalt.

Und wer trotz aller Bäder fett
bisher geruht im Federbett,
und ob er Geld in Menge hatte,
heut schläft er in der Hängematte.
Von Sorgen schwer und lattenmager
legt er sich auf sein Mattenlager.

Hoch heisst's den Korb mit Futter binden.
Wo soll man Mehl und Butter finden?
Schon wird der Kauf von Kohlen sauer;
man wird aus Not gar Sohlenkauer
und schwört, gibt's eine schwache Ruhr,
der Köchin einen Racheschwur.

Doch auch wenn's wieder Phasen hätt
mit Austern, Reh und Hasenfett,
wem schmeckt's noch? Selbst beim Feiermahl
wird Müller oder Meier fahl;
er denkt der Kurse Zackenbahn
und beisst sich auf den Backenzahn.

Nur eins: die Not im Schweizerbund
führt nie zu einem Beizerschwund.
Ob sie die Lust am Leben raube,
es bleibt die Lust am Rebenlaube.
Der Bürger, auch vor Bangen stier,
begehrt sein täglich Stangenbier.

Gartenbad

Vereint und ohne Seitenwand
liegt Mann und Weib im weiten Sand,
wo einst geblüht das Heidekraut,
und sonnt sich froh die Kreidehaut.

Dabei weiss manche Wassernix',
wie gut ihr steht ihr nasser Wichs;
ein Lächeln auf den Rosenlippen,
zeigt stolz sie ihre losen Rippen.

Doch manchem, den die Liebe trieb,
ist ja ein solch Getriebe lieb;
denn sich und seinen hellen Sinn
neigt gern er den Mamsellen hin.

Und mag auch von den Pudelnassen
ihm nicht gleich jede Nudel passen,
wie leicht fällt oft ein Biedersmann
in eines hübschen Mieders Bann.

Doch all die Lust und Wonne sinkt,
sobald nicht mehr die Sonne winkt,
kein Himmel mehr dem Treiben blaut.
Wer ist's, der noch zu bleiben traut?

Ob er sich noch so laut gebrüstet,
dass ihn nach einer Braut gelüstet,
seht, wie er heim, wo's trocken, läuft,
weil Regen auf die Locken träuft!

Wahre Geschichte

Noch ist die Tat in aller Munde heute:
Ein Basler Herr samt seiner Hundemeute
pirscht nahe unsrer Stadt in Sonne, Wind
auf Tiere, die des Jägers Wonne sind,
wobei er eifrig durch die Fluren späht
und um ein Wild und seine Spuren fleht.

Die Jagd geht querfeldein, vom Bach bis Wald;
anfänglich ist die Jagdlust wach, bis bald
der Nimrod rastet. Da! Sein Herze stockt...
Denn wie er still auf seinem Sterze hockt,
erscheint – man braucht ihn anzupirschen kaum –
der schönste Hirsch beim nächsten Kirschenbaum.

Und weil's in seinem Stolz ihn heute beisst,
dass noch kein Tier er seine Beute heisst,
schleicht näher er mit seinen Hunden ran,
spannt mutig am Gewehr den runden Hahn
und schiesst – ihm tut halt der Artikel not –
den braven Hirsch wie ein Karnickel tot.

Und vor dem Herrn, der ihn zum Lohne kriegt,
im Feld der Hirsch mit seiner Krone liegt.
So wenig macht' noch nie ein Braten Mühe!
Und schon, begossen mit Tomatenbrühe,
sieht ihn als Mahl, gewürzt durch Weine, Schinken,
der Jägersmann im Abendscheine winken.

Doch, ach, war auch die Tat im Nu verrichtet,
schon ist des Helden Stolz und Ruh vernichtet.
Der Hirsch war zahm! Er lief im Walde heiter
vom nahen Zoo zu dieser Halde weiter.
Der Jäger spürt den wilden Zorn im Molli.
Was hilft's! Es heisst: «Das Flaisch isch morn im Zolli!»

Erlaubt zum Schluss die Frage sei:
Du schussbereiter Jäger, sage frei,
was ist dir schon dein ganzes Schiessen nütze,
kannst du den Braten nicht geniessen, Schütze?
Merk nur: oft legt der Zufall Schlingen klug
auch dem, der sonst mit guten Klingen schlug.

O diese Männer!

Daheim soll ihm die Gattin weise sparen!
Er kontrolliert den Preis der Speisewaren,
er knausert und zahlt dann nur willig bar,
wenn, was sie kaufte, wirklich billig war.
Doch reist er fort, lässt er durch Rummelbeizen
sich heimlich gern zum teuren Bummel reizen
und investiert dann seine Franken schlau
im Tête-à-tête mit einer schlanken Frau.

O diese Frauen!

Die Mode wirkt of wie ein bunter Rummel.
Wenn ich im Lenz die Strassen runter bummel
und eine Maid im Stile «süsse Fee»
vom blonden Schopf bis an die Füsse seh,
dann muss ich wirklich im Vertrauen fragen:
wer liebt die Kleider, die heut' Frauen tragen?
Fast scheint's, als ob in unsern Landesstücken
die Damen leiden an Verstandeslücken;
es passen Grossen doch und Kleinen leider
fast nie die minikurzen Leinenkleider.
Drum wird's dem Nörgler wie dem Neider klar:
Die Mode macht die Frau zum Kleidernarr!

Heisst's gar noch, dass das Haar sie bleichen lass,
dann wird der Gatte richtig leichenblass,
und auf dem Arbeitsweg, im Morgen-Bus,
sinnt er, ob er das Geld sich borgen muss...

O diese Eltern!

Nicht anders schläft das Kind im Liegewagen,
als Kinder je in einer Wiege lagen.
Doch Eltern, kaum dass es geboren ist,
tun dir, wenn ihnen du zu Ohren bist,
bald hell begeistert und bald minder, kund,
wie klug der Gof, wie süss sein Kindermund.
Und du erfährst, wie oft das Kindlein wimmert,
wie gern man sich um seine Windlein kümmert,
wie ungeduldig es nach Futter muckst
und wie es keck die liebe Mutter fuxt.
Ja, kriegt das Baby man mit Seife rein,
soll dies schon Zeichen seiner Reife sein!

O diese Kinder!

Du hörst sie oft, mehr laut als weise, grollen,
der Eltern Rat sei das, was Greise wollen.
Nimm's ja nicht tragisch, Freund! Denn später fuhren
sie ganz getrost in ihrer Väter Spuren.

Hasen, frisch geschüttelt

Ins Gästebuch des Wochenendhauses «9 Hasen» im Elsass

Des Hundes Feinde sind im Grunde Hasen.
Dass drum im Felde friedlich Hunde grasen,
wenn in der Nähe spielen runde Hasen,
wird niemals je geschehn. Die Hunde rasen,
und selbst die allerbrävsten Rasen-Hunde
verjagen bellend jede Hasen-Runde.

Zwar macht der Hund nicht nur die Hasen rennen.
Erscheint er knurrend, sieh, da rasen Hennen,
wohl wissend, dass der Hund auch Hennen rupft.
Doch wo der Hase froh im Rennen hupft,
da suchen gackernd dumme Hennen Rast,
weil jedes Huhn das muntre Rennen hasst.

Drum, Jäger, lasst die braven Hasen ruhn!
Esst lieber froh auf weichem Rasen... Huhn,
legt Euch getrost ins bunte Wiesenfeld
und nehmt als Rat in dieser fiesen Welt:
Man sollte oft trotz allem Rasen, Hasten
bei – jungen oder alten – Hasen rasten.

Schüttel-Medizin

Der – inzwischen verstorbene – Frauenarzt Prof. Robert Wenner feierte im Juni 1969, eben erst von einer Operation genesen, seinen 60. Geburtstag. Wer in diesem festlichen «Rahmen dichten» wollte, durfte seine Verse auch an die dankbaren Patienten des Jubilars, die Kinder und die «Damen richten».

Vor kurzem war's, da lag er lattenmager
und operiert auf seinem Mattenlager
und musste eifrig den Bazillen wehren,
die an des Kranken Kraft und Willen zehren.
Heut' aber heisst s: «vernarbt sind meine Wunden»,
es geht bergauf, die guten Weine munden,
und wo just noch der Krankheit Schleier lagen,
darf ich jetzt froh die Schüttel-Leier schlagen.

Kurzum, seit Wochen, nicht nur Stunden, sehen
wir wieder ihn bei den Gesunden stehen.
Er kann nicht tatenlos im Leeren schweben;
ihn zieht s zum vollen und zum schweren Leben,
zur Praxis, wo er gern im Stillen werkt,
den Frauen rät und ihren Willen stärkt.
Und nicht nur sorgt er sich ums zarte Wimmern
der holden Mütter in den Wartezimmern,
besond'rer Müh' sind ihm die Kindlein wert,
dass man zur Zeit die nassen Windlein kehrt
und sie ernährt mit Milch und Haferschleim;
erst wenn dies klappt, geht spät zum Schlaf er heim.

Wer zählt die Babys, die im Liegewagen,
im Bettchen oder in der Wiege lagen
und wo dank ihm die Frau im Nu verrichtete,
was früher oft des Gatten Ruh' vernichtete.
Vorbei die Zeit, wo angstvoll Männer wachen;
ein jeder denkt: das wird der Wenner machen!
Beim Buschi weiss das Wie und Wann der Kenner,
und dies – wie manches andre – kann der Wenner.

Dazwischen, wenn der Eifer weise ruht,
packt unversehn's ihn doch die Reisewut,
bald so, dass um die Welt er zieht im Fluge,
bald dass der Hetze er entflieht im Zuge.
Heut' sieht man ihn in fremde Lande streben
und morgen früh am Meeresstrande leben,
auf ferner Insel lange Zeiten wohnen...
So schöpft er neue Kraft aus weiten Zonen.

So mög' er denn voll Tatkraft weiter handeln,
im Dienst von Kunst und Arzttum heiter wandeln!
Ich wünsch' ihm, der auf solchen Wegen geht,
dass guter Wind ihm stets entgegen weht,
der täglich ihm, naht sich der Morgen sacht,
nur Freude bringt und keine Sorgen macht.

Lasst uns die Gläser mit Geläute heben:
er mög' noch lang, so jung wie heute, leben!

Basler Mimpfeli

Tour der ville
    Was me den Architäggte sott verbaue,
    isch, dass si d Altstadt allibott versaue.

Tour der Suisse
    Dien si am Start au grooss, die Grattelsieche,
    am eerschte Bass gsehsch si vom Sattel grieche.

Mini-Bankiers
    So Lyt risggiere schon am Moorge Sache,
    wo ihne zoobe wider Soorge mache.

Verloobig
    Meeg Eich dur hälli oder driebi Laage
    fir alli Zyten Eiri Liebi draage!

Hochzyt
    My liebe Frind, mit Dyner Salome
    kaasch Du Di wirgglig jetz als Maa lo seh.

Faasnachts-Zeedel

Zugszeedel an der Fasnacht zu schreiben, ist an und für sich ein anonymes Hobby. Aber fast genau so, wie man heute bei Fasnachts-Laternen den Maler und seinen Pinsel erkennt, wittert man bei manchen Zeedeln den Poeten und seinen Griffel. Die Anonymität der Zeedeldichter ist nicht mehr wasserdicht. Und so habe ich kein schlechtes Gewissen – umso weniger, als Jahrzehnte vergangen sind –, wenn ich in meiner Blasius-Schublade grüble, alte Zeedel heraussuche und mich zu erinnern versuche, wie ich anno dazumal an einem oder andern Sujet oder Vers knabberte.

Das erste Sujet, das mir 1947 die Olympia servierte, war ein Querschläger: das «Wäntele-Gsetz», ein vom Grossen Rat Basels erlassenes Gesetz zur Bekämpfung von Ungeziefer. Ein Zeedel über ein Gesetz? Nach einigen sorgenvollen Stunden behalf ich mich damit, dass ich ein zweiseitiges Kantonsblatt verfasste, das in Schrift und Form von einem echten nicht zu unterscheiden war. Darauf handelte ich paragraphenweise das neue Gesetz in Versform ab. Unter dem Motto «Bürger Basels, bewahrt Eure lebenden Güter!» hiess es z. B. über die «Anmeldepflicht bei Ungeziefer»:

Wenn s underm Lyynduech afoot graable,
bis dass s di duubedänzig macht,
und gspyyrsch es bysse, gsehsch es zaable
und pfuusisch meh am Daag als z Nacht,
so gang uff s Gsundhaitsamt und saag:
«s het zvyl Verkehr bi miir im Schlaag!»

Und zum «Resultat der Entwesung» schrieb ich:

Jetz het der Staat der Belz is gwäsche,
mer wissen alli, wo s is fählt,
und vo der Rhyygass bis zuer Äsche
isch jeede Biirger butzt und gstrählt.
Sy Hut isch glatt, sy Stuube zwääg,
der haimlig Drägg blybt ainewääg.

Und pyynlig suuber wien e Tämpel
gseht bald dy luusig Hittli uus.
Uff s Fudi griegsch zuem Schluss e Stämpel:
«Vom Staat entwest», du aarmi Luus!
Und jetz daarfsch äntlig zfriide syy
vo hit bis anno flohmini.

Dass die Olympia schon 1948 erkannte, dass es einmal einen «Kanton Jura» geben werde, ist im Grunde genommen erstaunlich. Der Zeedeldichter dagegen brauchte nicht weit zu suchen; er erinnerte sich des alten Berner Marsches und schrieb u. a.:

Träm träm träderidi
mir wänn freii Schwyzer syy!
Sappermänt, mer stiere s duure
mit de Fyscht und mit der Schnuure,
bis mer s Freihaitsbaimli stelle
ooben uff der Caquerelle.
Träm träm träderidi,
Bäärner Mutz, jetz drampsch du dryy!

Träm träm träderidi,
was mir wänn, gseht jeeden yy:
sälber mit de Styyre bschysse,
sälber Fremdi ab-go-rysse,
sälber glaini Wilhelm Tälle,
sälber dritti Absinth-Wälle,
träm träm träderidi,
sälber suffe suure Wyy.

Kein geringer Schauder erfasste mich, als ich 1950 erfuhr, die Olympia habe sich drauf geeinigt, das «Goethe-Jahr» (Goethe wäre im Vorjahr 200 Jahre alt geworden) als Fasnachtssujet zu wählen. Ich kratzte mein letztes Schulwissen zusammen, las das Konversationslexikon vorwärts und rückwärts und liess schliesslich den Altmeister vom Olymp herunter zornig auf den Rummel blicken, der mit seinem Leben gemacht wurde («Isch au sy Liebeslääbe stuuberain? Wie vyylmool het er mit der Frau von Stein...?») Der Schlussvers lautete:

Däm ganze Grampf vo dääne Hungerlyyder
luegt vom Olymp der Maischter Goethe zue.
«Die Träne quillt, die Erde käut mich wieder»,
er sait s voll Zoorn, und uus isch s mit der Rueh.
Am liebschte mecht är uff dä Rummel pfyffe,
der Spruch vom «Götz» zitiert er haart und rauh.
Sott ain von eich das Sprichli nit bigryyffe,
uff Baaseldytsch haisst s aifach: «Du mir au»!

Problemloser war 1952 das Ereignis des «zweihundertdausigschten Baaslers». Statt – wie heute – dank der Kantonsflüchtlinge ins Gläbbergässli zu laufen, kam sich Basel damals als Grossstadt vor und feierte seinen 200000sten Sprössling mit einem regierungsrätlichen Ehrengeschenk. Der erste Vers des Zeedels lautete:

Zwaimoolhundertdausig simmer!
Isch die Zahl nit scheen und rund?
s bysst der Stoorgg e Frauezimmer,
Baasel het sy groossi Stund.
Aine z Bettige wird Bappe,
und d Regierig zahlt zuer Fyyr
fir dä Goof e blaue Lappe
inclusive Umsatz-Styyr.

Und der letzte:

Zwaimoolhundertdausig simmer!
Ob s doo druus e Grossstadt git?
D Druggede wird als wie schlimmer,
aber meh git s laider nit.
Meege d Lyt no Baasel siidle,
git s au Buschi alli Daag,
zwaimoolhundertdausig Fiidle-
Burger sinn mer ainewääg!

Aber nicht nur 200000 Fidleburger wurden wir Basler in jenen Jahren, sondern wenig später (1958) auch noch 2000 Jahre alt, obschon sich die für diesen Feiertag zuständigen Gelehrten zeitmässig offensichtlich verrechnet hatten. Trotzdem wurde auf dem Burghügel rund um das Münster herum ein grosses «Römerfest», mit Munatius-Plaketten, Lukullus-Würstchen und allem möglichen Klimbim abgehalten. Daraus gestaltete die Olympia einen Prachtszug, und im Zeedel hiess es u.a.:

Scho rollt dä ganz Zwaidausig-Jehrli-Rummel.
Liis numme d Zytige mit ihrem Grätsch!
Und waiss men au, es isch e glatte Bschummel,
graad heggschtens no s Glaibasel macht der Lätsch.
Als Reemer luegt sich jeede dumme Koog aa,
in jeedem Laade lyt e Reemer-Furz,
d Frau Saresi brobiert dehaim e Toga,
der Fredy Spillmaa draumt vom Ländeschurz.

Die Clique und der Zeedeldichter waren sich am Schluss einig:

Zuer alte Fasnacht, guet, zue dääre stehmer.
Zwaidausig Johr? Mach mer nit d Biire waich!
Und wenn scho Rom, dno lieber aifach «d Reemer»,
und wenn e Fescht, dno graad der Moorgestraich!

Als die Medizin die «Pille» erfand, ergab dies für die Alten Stainlemer ein
rundes Fasnachts-Vergnügen unter dem Titel «Baby-Stop». Auch Blasius
freute sich darüber, wenn er u. a. schrieb:

Hätt der Salomo, dä Sinder
statt e ganze Stall voll Kinder
e baar Ciba-Aktie ghaa
und derzuen e glaini Ahnig,
was men in Familie-Blaanig
alles chemisch mache kaa,
hätt s em glängt, fir d Kinder z hiete,
e Drei-Zimmer-Wohnig z miete.

Hitten aber git sich Jeedi
vo der Gumsle bis zur Lady
als e Pilleschluggerfrau.
Statt harmoonisch goht s hormoonisch.
Ob s e Goof git, ob s e Sohn isch,
ob e Maitli, waiss si gnau.
Und bi Zwilling sait zuem Heer si
lieber «nyt als doppled, merci!»

Uff das Thema stirzt sich gytig
jeedes Blettli, jeedi Zytig
und kunnt mächtig in Galopp.
Jungi Hiehner, alti Wuube
lääsen under Coiffeur-Huube
s neischt Rezäpt fir Baby-Stop.
Und sott s ganz e fuule Trigg syy,
suech nit lang, er wird im «Blick» syy.

Statt in Buschiwindle z schwelge
isch der Storgg bald uff de Felge.
Macht d Chemie der Amor schlapp?
Au der Chef vom Frauespittel
git sy wysse Doggterkittel
iibermoorn bim Altstoff ab.
Und der Ainzig, wo doo lacht,
isch d Chemie, wo d Pille macht.

Männgmool dängg i zwoor im Stille:
wäär s nit guet, me hätt so Pille
friehner doo und deert brobiert?
Gsehn i soone Schmaalspuur-Beatle,
Milchgsicht mit Tirooler-Hietl,
dää wäär besser nit bassiert.
Groossreet? Dänggsch nit männgmool draa,
d Mamme haig s Rezäpt nit ghaa?

Eppis sott d Chemie no biete:
Neii Pille, wo verbiete,
dass ain gaischtig Unsinn macht.
Voor si unsri Stadt versaue
und mit Autoring verbaue,
gäbt s e Pille iber Nacht.
Und wäär nit bim Kunschtkredit
fir en Engros-Paggig Zyt?

Kurz, me kennt so Pille bruuche,
wenn men ain wott aabestuuche,
wil er Bleedsinn broduziert.
Aber was hit jeede Keebi
iber s Thema «Antibaby»
schwätzt und schliirggt, isch ungeniert.
Das goht z wyt, i miesst sunscht liege.
Dasch diräggt... zum Kinder griege!

Bei dieser kleinen Auswahl möchte ich schliesslich einen Zeedel nicht vergessen, der mir fast der liebste war und den ich 1951 der Alten Garde der Olympia widmen durfte. Das Sujet war urbaslerisch, es ging unter dem Titel «S isch zuem Schiesse» um den Denkmalpfleger, der sich damals lauthals über die Tauben ärgerte, die unser Spalentor und dessen Statuen eifrig bekleckerten, Denkmalpfleger war in jenen Jahren Dr. Rudolf Riggenbach, im Volksmund «Dinge-Dinge» genannt. Den «Aufhänger» für meinen Zeedel fand ich im Tram, wo Plakätchen der BVB verkündeten: «Wär jung isch, stoht us Heefligkait. Der Tramdiräggter het das gsait.» Und so liess ich denn meinen Denkmalpfleger schimpfen:

Wie d Duube unser Spaaledoor versaue!
Mi macht s fascht duubedänzig, soone Gschyss.
Vom Sääge, wo die Dierli deert verdaue,
wird undedraa d Madonna gääl und wyss.
Die kaibe Baaslerdybli solle s biesse!
I hool e Gwehr, wenn d Polizei versait.
Me mues halt, wenn die wyter schysse, schiesse...
Der Dänggmoolpflääger het das gsait.

Und «Dinge-Dinge» beschloss sein Donnerwetter so:

Go Dänggmool pfläge, duet bald nimme bschiesse.
I zieh mi zrugg, es het jo doch kai Zwägg.
I sitz ins Spaaledoor, loss s Gatter schiesse,
gnueg haan i, Schyssebyppi-Duubedrägg!!
Kai Duube soll mi us der Rueh meh bringe,
au d Baasler kenne mir so lang wie brait!
Si deerfe mir in d Kappe... dinge-dinge...
Der Dänggmoolpflääger het das gsait.

Freud' oder Leid eines Zeedeldichters? Leid, wenn er schon unter dem Weihnachtsbaum an Fasnacht und Sujet denken muss, Freud', wenn ihm die ersten Pointen einfallen, Vergnügen, wenn ihm am Fasnachtsmontag ein Vorträbler den Zeedel in die Hand drückt und vielleicht sogar der Tambourmajor grüssend seinen Stecken senkt, und Trauer, wenn er am frühen Donnerstagmorgen zuschauen muss, wie ein Strassenputzer einige seiner am Boden herumliegenden Zeedel zusammen mit Räppli und Strassendreck in eine Dole wischt, wo alles auf Nimmerwiedersehen verschwindet.
Und doch, die Freude überwog. Freude vor allem, wenn es gelang, mit den Versen – in gebührendem Abstand – jener Meisterschaft nahezukommen, mit der die Cliquen, Fasnacht für Fasnacht, durch die Strassen und Gässlein unserer Stadt trommeln und pfeifen.

Worum i z Baasel dehaim bi

(aus dem Gedichtmärchen: «Der Till vo Basel». Der Till, ein Basler Strizzi, macht nach vielen Streichen und Lausbübereien seiner Heimatstadt Basel und seiner Freundin Ruth endlich die – längst fällige – Liebeserklärung.

Vom vyyle Bschaue zwoor e bitzli stuurm,
stehn si zuem Schluss no uff em Minschterduurm.
Si hänn die wyti Stadt zuen ihre Fiesse,
gsehn uff der Rhyy und uff sy ruehig Fliesse,
uff d Wiirlede us Gasse, Blätz und Lyt
und uff der Summerglanz, wo driiber lyt.
Und d Bäärg zringsum im letschte Liecht vom Oobe
sinn mit em Himmel wien in ais verwoobe.
Nyt bruucht er meh z verzelle, unsre Till,
er schluggt e baar Mool läär und blybt sunscht still.

Spoot sinn si zämme in e Baiz go ässe
und noochhäär no am Rhyyboord unde gsässe.
s goht geege Zwelfi, uns s isch doch nit finschter.
E hälle Moond stoht äänen iberm Minschter,
e laue Luft waiht, und die stilli Nacht
isch fir verliebti Mentsche graad wie gmacht.
Und jetz isch äntlig au fir s Ruthli Zyt,
daas z frooge, won em uff der Zunge lyt.
«Till», sait s und dänggt zrugg an der hittig Daag,
«i kumm mit dir ganz aifach nimme zschlaag.
I waiss doch, wie den ungäärn z Baasel blybsch
und was de hinder de Kulisse drybsch,
e Laarve vor em Gsicht, mit lätze Nämme …
Wie goht das mit däm junge Maa denn zämme,
wo duet, als gfall s vom Oschte bis zuem Weschte
ihm doch in unsrer Stadt am allerbeschte?
Kumm, hilf mer wyter! Was isch wiirgglig wohr?
Syg lieb und mach mer bitte, Till, nyt voor.»
Der Till het ghofft, dass soone Froog hit kääm.
Und isch fir ihn au d Antwort nit biquääm
und kunnt si au mit Stagglen und mit Pause,
Uusreede git s jetz nit und kaini Flause.
Er sait, als syg er um das Gständnis froh,
daas, wo jetz s Ruth druff gspannt isch, ebbe soo:

«Bschau i die scheeni alti Stadt do ääne,
was lyt mer neecher, s Lachen oder d Drääne?
Kaa nit so schmaal wie d Hyser iberm Rhyy

der Horizont au bi uns sälber syy,
wenn i draa dängg, wie mir is kuum biglaage,
dass sie die alti Zyt zuem Land uus jaage
und doo und deert bis fascht zuem letschte Sprysse
männg Dänggmool, won is lieb isch, aaberysse?
Und wenn e Huus deert ääne vornähm duet
mit braiter Front, au das lyt uns im Bluet,
so exklusiv z syy und so distinguiert,
der Beppi, wo sich ungäärn engagiert,
· wo maint, der Witz haig är elai nur pachtet,
und dää, wos nit so guet kaa, dieff verachtet.
Ach, Ruth, i find im Grund, bin i ganz ehrlig,
der Baasler gaar nit numme fein und heerlig.
I maag nit, wenn er glainlig und verstaubt
nur an sy Stedtli und sich sälber glaubt,
i maag nit, wenn er dänggt, dass äär s nur rächt macht,
i maag nit, wenn er andri Mentsche schlächt macht.
Und doch! Unhaimlig isch es und kurioos:
i kumm und kumm vo dääre Stadt nit loos!
Dängg i an d Fremdi zrugg und myni Draim,
wo naimen anderscht bin i denn dehaim
als z Baasel, wo dur alli Gnoorzigkait
doch au e gsunde Wind und Duurzug waiht,
e Stadt, wo zwoor fir vyl der Maassstaab s Gäld isch
und wo doch doorum au e Door zuer Wält isch,
e Kaff, verschlooffe, kiehl und reserviert,
wo an der Faasnacht doch der Kopf verliert,
wo, wenn me d Schwyzer frogt, im Egge stoht
und d Kunscht und d Wisseschaft doch bliehje loot,
e Gmisch us Gnauserei und Toleranz,
uus Pieteet, Respäggt und Arroganz,
us häll und dunggel und us haart und waich,
hit d Minschterbreedig, moorn der Moorgestraich,
hit im Zylinder, moorn im Charivari…
Isch die Bilanz nit fascht e wunderbaari,
wo Plus und Minus, wenn mes zämmenimmt
doch zaigt, dass d Räächnig fir uns Baasler stimmt?
Und doorum gib is zue, root bis an d Ohre,
my Häärz haan i in dääre Stadt verloore.

Und wott i au nit in den änge Muure
e Lääbe lang verdroggne und versuure
und waiss i au, was miehsam isch und schyter,
i kumm mit myner Renitänz nit wyter!
Und wenn i Mentsche fänd, wo mir verdraue,
gäärn mecht i bschaide hälffe, mit draa z baue,
dass Baasel läbt und nit im Schatte blybt
und jungi Zwyyg und neii Bliete drybt.
Elai goht s nit. Gäbsch du mer d Hand derbyy,
my Haimkoo wuurdi lycht und aifach syy.»

E langi Reed isch s gsii und doch kai Gfaasel.
So gstoht der Till sy Liebi. Gilt si Baasel?
Gilt si der Frindyn? Das isch ghupft wie gsprunge,
s isch ais ins ander, Woort fir Woort, verschlunge.

Und s Ruth bigryfft s. Stoht s in sym Gsicht nit gschriibe?
Nyt vo de Zwyfel isch meh iibrig bliibe,
es sait kai Woort und legt ganz aifach still
sy Kopf an d Aggsle vom verliebte Till.
Und ihm schiesst s haiss dur s Häärz wie dausig Sunne,
er ahnt, er waiss, er het das Maitli gwunne.
Und was jetz zwische däne baiden aafoot,
mer loose nit, wil das uns gaar nyt aagoht...

Lieferbare Werke von Blasius bei Schwabe:

Blasius. Haimlifaiss
Baseldeutsche Gedichte. 1984. 64 Seiten mit 3 Zeichnungen
von Rosmarie Susanne Kiefer. Kart. Fr. 18.80.
ISBN 3–7965–0825–1

Blasius. Der Till vo Basel. E modärn Märli
1972. 96 Seiten mit 10 teilweise farbigen Zeichnungen von
Peter Burckhardt. Leinen Fr. 19.50. ISBN 3–7965–0586–4

Blasius und Rolf Jeck. Em Bebbi sy Fasnacht
1975. 72 Seiten mit 16 ganzseitigen Farbfotos. Kart. Fr. 32.–
ISBN 3–7965–0643–7

Blasius und Rolf Jeck. Em Bebbi sy Mäss
Mit Beiträgen von Maria Aebersold, -minu und
Walter Probst. 1978. 72 Seiten mit 16 ganzseitigen
Farbfotos. Kart. Fr. 32.– ISBN 3–7965–0722–0

«Wer im Alltag seine Mundart abgeschliffen und manchmal
mit fremden Federn 'geschmückt' findet, sieht sich von
Blasius' Baseldeutsch nicht erschreckt. Es dünkt ihn vertraut
und ist doch bei aller bewussten, beabsichtigten Volks-
tümlichkeit vom Besten, was zu haben, zu finden, zu lesen
und zu hören ist. Und was die Schreibweise betrifft, sagt er
irgendwo selbst:

Schryb s Baseldytsch so, wien i s schwätz
Und wie mers heere, wemmer loose,
Und sait e gscheyte Siech, s syg lätz,
Dä darf mer halt – exgysi! – bloose!»

Glopfgaischt (Robert B. Christ)
in: **Heimatschutz Nr. IV/1976, Zollikon**

Schwabe & Co. AG · Verlag · Basel